文法まとめ
リスニング
初級 ❷ ―日本語初級2大地準拠―

佐々木 薫・西川悦子・大谷みどり 著

スリーエーネットワーク

©2018 by Sasaki Kaoru, Nishikawa Etsuko and Otani Midori
All rights reserved. No part of this publication may be reproduced, stored in a retrieval system, or transmitted in any form or by any means, electronic, mechanical, photocopying, recording, or otherwise, without the prior written permission of the Publisher.

Published by 3A Corporation.
Trusty Kojimachi Bldg., 2F, 4, Kojimachi 3-Chome, Chiyoda-ku, Tokyo 102-0083, Japan

ISBN978-4-88319-773-6 C0081

First published 2018
Printed in Japan

はじめに

　言語学習において、聞き取る力はコミュニケーションを進める上で重要なスキルです。日本語の初級レベルの学習では、語彙、文型を文字で理解できるようになったとしても、聞いて理解することが難しいことがあります。その難しさは、音、語彙の聞き取りと同時に、文脈の聞き取りの困難さによると考えられます。最近はアニメやゲームなどで、耳から学んでいる学生も多くなっていますが、必ずしも正確な理解がなされているとは言えません。本教材は、文型を積み上げながらそれぞれの難しさを一歩一歩克服して、会話を音声で理解できるようになることを目指した聴解の基礎となる練習問題です。

　本教材は『日本語初級２　大地』の文型と語彙に準拠しており、同テキストの各課の学習が終わってから、練習できるようになっている教材です。内容を聞き取るためには、不要なことばを聞き飛ばし、ポイントや概要をつかむ練習も必要です。そのため、解答には影響のない範囲で、少しずつ未習の語彙も含めて作成し、全課にタスク問題を用意しました。『日本語初級　大地』は文型を積み上げつつも、テキストを離れて周囲の人とのコミュニケーションを築くことを目指しています。その一助として、この教材がお役に立てればと願っております。尚、できるだけ文化環境による知識に依存しないような配慮をいたしましたので、国内外、学習形態を問わず、広くご利用いただけるようになっております。

　本教材は数年の試行を経た上で、出版させていただくことになったものです。教材作成の過程で貴重なご意見をお寄せくださった専修大学の先生方、出版に際しお世話いただいたスリーエーネットワークの皆様に心より感謝申し上げます。

著者一同

この本の使い方

◆ 各課の構成

Ⅰ…会話の内容に合っているイラストを選択する3択問題です。
Ⅱ…会話を聞きながら問題文の正誤を判断する問題です。
Ⅲ…より自然な会話を聞いて要点を把握することを目標とした練習問題です。
Ⅳ…質問を聞いて自分の言葉で答える問題です。

◆ 学習の進め方の例

① 例を見て、やり方を確認してください。
② 絵や図、問題の文を見て何を聞き取ればいいか確認します。
③ 一続きの会話は途中で切らずに、会話を最後まで聞いてからCDを一時停止し、答えを書く時間を作ってください。
④ CDを最後まで聞いたら、答えを確認します。間違えていたら、その問題の会話をもう一度聞きます。わからない部分があったら、止めて聞き直しても構いません。どうしてもわからないときは、スクリプトを参考にしてください。

◆ CDについて

収録時間の都合上、印刷された選択肢を読む時間や答えを考えるのに必要な時間のポーズが短くなっています。必要に応じて、CDを一時停止するなどして、ご利用ください。
🔊 A-xは、当該箇所の音声がCDのAディスクのx番目に収録されていることを示しています。

◆ 『日本語初級2 大地』との対応について

各課で扱っている文型や語彙は『日本語初級2 大地』の課の学習項目に対応していますが、本書独自に採用した語彙や表現もあります。そのような語彙や表現には、別冊スクリプトの中で灰色の帯（　　　）をかけています。学習を進める際の目安としてご活用ください。

◆ アプリについて

本書の音声はアプリでも聞くことができます。音声のみの利用は無料ですが、スクリプトを表示させる場合は課金されます。詳しくはアプリ紹介ページをご覧ください。

（http://www.3anet.co.jp/ja/6411/）

目次
もくじ

はじめに
この本の使い方…………………………………………………………………… 4
ほん つか かた

23 橋を渡ると、左に公園があります …………………………………… 6
はし わた　　ひだり こうえん

24 この動物園は夜でも入れます ………………………………………… 8
どうぶつえん よる はい

25 何をやるか、もう決めましたか ……………………………………… 10
なに　　　　　　　　き

26 サッカーの合宿に参加したとき、もらいました …………………… 12
がっしゅく さんか

27 いつから熱があるんですか …………………………………………… 14
ねつ

28 空に星が出ています …………………………………………………… 16
そら ほし で

29 責任のある仕事だし、新しい経験ができるし…… ………………… 18
せきにん　　しごと　　あたら　けいけん

30 お菓子の専門学校に入ろうと思っています ………………………… 20
か し せんもんがっこう はい　　　おも

31 あしたまでに見ておきます …………………………………………… 22
み

32 りんごの皮はむかないほうがいいですね …………………………… 24
かわ

33 車があれば、便利です ………………………………………………… 26
くるま　　　　　　べんり

34 試合に負けてしまいました …………………………………………… 28
しあい ま

35 傘を持ち歩くようにしています ……………………………………… 30
かさ も あある

36 いろいろな国の言葉に翻訳されています …………………………… 32
くに ことば ほんやく

37 面白そうですね ………………………………………………………… 34
おもしろ

38 猿に注意しろという意味です ………………………………………… 36
さる ちゅうい　　　　　 いみ

39 旅行のとき使おうと思って買ったのに…… ………………………… 38
りょこう　　　つか　　　おも　か

40 息子を塾に行かせたいんですが…… ………………………………… 40
むすこ じゅく い

41 大学院で医学を研究なさいました …………………………………… 42
だいがくいん いがく けんきゅう

42 １０年前に日本へ参りました ………………………………………… 44
ねんまえ にほん まい

別冊　答えとスクリプト
べっさつ　こた

23 橋を渡ると、左に公園があります

🔊 Ⅰ．正しいものを選んでください。
A-1

例 ⓐ．18歳　　b．20歳　　c．22歳

1　a. 　　b. 　　c.

2　a. 　　b. 　　c.

3　a. 　　b. 　　c.

4　a. 　　b. 　　c.

II. ○ですか、×ですか。

例（ × ） 女の人は今子供のときしたかった仕事をしています。
1 （　） 女の人のうちの近くは便利になりました。
2 （　） 着物や新聞がかばんになりました。
3 （　） 男の人は飲み物を買って来てもらいます。
4 （　） このドアは前に立つと、開きます。

III. 男の人は何を探していますか。

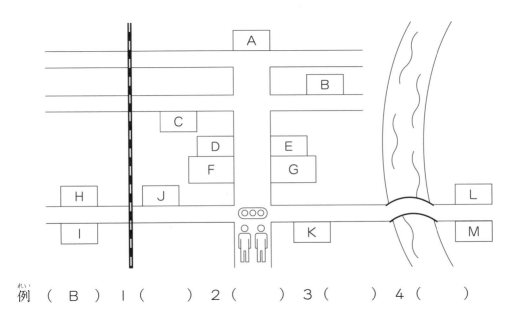

例（ B ）　1（　）　2（　）　3（　）　4（　）

IV. 質問を聞いて、あなたの答えを書いてください。

1 (　　　　　　　　　　　　　　　　　　　　　　　　　　)
2 (　　　　　　　　　　　　　　　　　　　　　　　　　　)
3 (　　　　　　　　　　　　　　　　　　　　　　　　　　)
4 (　　　　　　　　　　　　　　　　　　　　　　　　　　)

24 この動物園は夜でも入れます

🔊 I. 正しいものを選んでください。
A-5

例　a. 　b. 　c.○

1　a. 新しい雑誌３冊　　b. 先月の雑誌３冊　　c. 先月の雑誌４冊

2　a. 　b. 　c.

　　　　　　　　　　　　　　スマホ　smartphone　智能手机　điện thoại thông minh

3　a. 　b. 　c.

4　a. 　　　b. 　　　c.
　　　12歳　　　　　　13歳　　　　　　大人

Ⅱ．〇ですか、×ですか。
A-6

例（ × ）ユナさんはあまり泳げません。

1（　）今トニーさんはシャワーが浴びられます。

2（　）山田さんはフランスとドイツへ行けませんでした。

3（　）女の人はまだ一人で踊るダンスができません。

4（　）女の人は日本に来て、家族の顔が見られなくなりました。

Ⅲ．会話を聞いて、質問に答えてください。
A-7

例　女の人は何を買いましたか。
　　（　車を　）買いました。

1　女の人は何ができるようになりましたか。

　　①（　　　　　　　　　　　　　　　　　）ようになりました。

　　②（　　　　　　　　　　　　　　　　　）ようになりました。

2　女の人はどうして眠くなりませんか。

　　（　　　　　　　　　　　　　　　　　　）から。

Ⅳ．質問を聞いて、あなたの答えを書いてください。
A-8

1（　　　　　　　　　　　　　　　　　　　　　）

2（　　　　　　　　　　　　　　　　　　　　　）

3（　　　　　　　　　　　　　　　　　　　　　）

4（　　　　　　　　　　　　　　　　　　　　　）

24

25 何をやるか、もう決めましたか

🔊 I. 正しいものを選んでください。
A-9

例 a. 　b. 　c.

資料

1　a. 　b. 　c.

2　a. 　b. 　c.

3　a. 　b. 　c.

宿題

4　a. 　b. 　c.

申し込み

II. ○ですか、×ですか。
A-10

例（ × ） 男の人は、あしたのパーティーがどこであるか、知りませんでした。
1（　） マリーさんはスキーツアーに行くかどうか、まだ決めていません。
2（　） 男の人はこれからおいしいパン屋がどこにあるか、調べます。
3（　） 女の人は体の調子が悪いので、あまり食べられません。
4（　） ユナさんはこれから宿題をするので、まだ寝られません。

III. 会話と質問を聞いて、正しい答えを選んでください。
A-11

例　はい・(いいえ)
1　はい・いいえ
2　はい・いいえ
3　はい・いいえ

IV. 質問を聞いて、あなたの答えを書いてください。
A-12

1（　　　　　　　　　　　　　　　　　　　　　　　　）
2（　　　　　　　　　　　　　　　　　　　　　　　　）
3（　　　　　　　　　　　　　　　　　　　　　　　　）
4（　　　　　　　　　　　　　　　　　　　　　　　　）

26 サッカーの合宿に参加したとき、もらいました

🔊 Ⅰ. 正しいものを選んでください。
A-13

例 a.  b.  ⓒ.

1 a. b.  c.

2 a.  b.  c.

3 a.  b.  c.

4 a.  b. c.

　　お金　　　　　許可証　　　　学生証

II. 〇ですか、×ですか。
A-14

例（〇）この電車に乗るとき、特急券を買わなければなりません。
1（　）女の人は電車の中で犬を見ました。
2（　）女の人はこれから図書館へ本を返しに行きます。
3（　）美術館へはバスか電車で行かなければなりません。
4（　）女の人は新しい店を見つけたとき、いつもすぐ行きます。

III. 残業について話しています。
A-15
説明を聞いて、この会社のルールを書いてください。

課長　section head　科长　tổ trưởng

	しなければならないこと
残業（①　　　）とき	課長に（　理由　）を言う。 課長に（②　　　　　　　）をもらう。
残業（③　　　）とき	（④　　　　　　　）か、ノートに書く。

IV. 質問を聞いて、あなたの答えを書いてください。
A-16

1（　　　　　　　　　　　　　　　　　　　）
2（　　　　　　　　　　　　　　　　　　　）
3（　　　　　　　　　　　　　　　　　　　）
4（　　　　　　　　　　　　　　　　　　　）

27 いつから熱があるんですか

🔊 Ⅰ．正しいものを選んでください。
A-17

例 a. 　ⓑ 　c.

1　a. 先週 ➡ 来週 　b. 　c.

2　a. 　b. 　c.

3　a. 　b. 　c.

4　a. 　b. 　c.
スマホ

🔊 II. ○ですか、×ですか。
A-18

例（ ○ ） 女の人は自分で作ったケーキをゆうたさんにあげます。

1 （　） 女の人はカラオケがあまり好きじゃありません。

2 （　） 男の人は来週の金曜日3時ごろから台所を借ります。

3 （　） 女の人は京都で安い料理を食べました。

4 （　） 男の人はいつも音楽を聞きながら、勉強します。

🔊 III. 会話を聞いて、質問に答えてください。
A-19

例　ユナさんはどうして元気がありませんか。
　　（　両親とけんかしている　）からです。

1　ユナさんはどうして卒業しても、まだ韓国に帰りたくないと思っていますか。
　　（　　　　　　　　　　　　　　　　　　　　　　）からです。

2　男の人はどうしてユナさんの両親が反対していると思っていますか。
　　（　　　　　　　　　　　　　　　　　　　　　　）からだと思っています。

3　男の人はユナさんにどんなアドバイスをしましたか。
　　（　　　　　　　　　　　　　　　　　　　　　　）と言いました。

🔊 IV. 質問を聞いて、あなたの答えを書いてください。
A-20

1 （　　　　　　　　　　　　　　　　　　　　　　　　　）

2 （　　　　　　　　　　　　　　　　　　　　　　　　　）

3 （　　　　　　　　　　　　　　　　　　　　　　　　　）

4 （　　　　　　　　　　　　　　　　　　　　　　　　　）

28 空に星が出ています

🔊 Ⅰ．正しいものを選んでください。
A-21

例 a.  b.  c.

1 a.  b.  c.

2 a.  b.  c.

3 a.  b. c.

4 a.  b. c.

II．○ですか、×ですか。

例（ × ）部屋のエアコンはついていました。

1（　）このシャツは汚れています。

2（　）1階のコピー機は今使えません。

3（　）男の人は佐藤さんからサムさんの結婚について聞きました。

4（　）工場で事故があったので、女の人たちは外へ出てはいけません。

III．会話と質問を聞いて、答えを下の絵の中から選んでください。

例　a. 　b. 　c.

1　a. 　b. 　c.

2　a. 　b. 　c.

3　a. 　b. 　c.

IV．質問を聞いて、あなたの答えを書いてください。

1（　　　　　　　　　　　　　　　　　　　　　　　　　　　）

2（　　　　　　　　　　　　　　　　　　　　　　　　　　　）

3（　　　　　　　　　　　　　　　　　　　　　　　　　　　）

4（　　　　　　　　　　　　　　　　　　　　　　　　　　　）

29 責任のある仕事だし、新しい経験ができるし……

◀)) I. 正しいものを選んでください。
A-25

例 ⓐ. 　b. 　c.

1　a. 　b. 　c.

2　a. 　b. 　c.

3　a. 　b. 　c.

4　a. 夏祭りをすること　b. ゲームをすること　c. ボウリングをすること

II. ○ですか、×ですか。

例（○）女の人はさくら大学を受けます。

1（　）この料理は野菜も肉も食べられるので、男の人は作りたいと思っています。

2（　）男の人は日本で就職することにしました。

3（　）女の人は大阪に住むことになりました。

4（　）来週2人は公園で花を見ながらお酒を飲みます。

III. 2人は会社のパンフレットを見ながら話しています。
会話を聞いて、質問に答えてください。

給料　salary　工资　lương

1　正しいものを選んでください。

```
アドマン
（①広告・子供の本）の会社
働く時間：
　（②9時～5時・フレックス）
経験：（④必要・必要ない）
会社の寮：（⑥ある・ない）
```

```
えほん
（①広告・子供の本）の会社
働く時間：
　（③9時～5時・フレックス）
経験：（⑤必要・必要ない）
会社の寮：（⑦ある・ない）
```

2　女の人はどちらの会社を受けることにしましたか。
（　　　　　　　　　）

IV. 質問を聞いて、あなたの答えを書いてください。

1（　　　　　　　）し、（　　　　　　　）し、（　　　　　　　）町です。

2（　　　　　　　　　　）し、（　　　　　　　　　　）し、
（　　　　　　　　　　　　　　　　　　　　　　　　　）

3（　　　　　　　　　　　　　　　　　）てはいけないことになっています。

4（　　　　　　　　　　　　　　　　　　　　　　　　　）

30 お菓子の専門学校に入ろうと思っています

🔊 I. 正しいものを選んでください。
A-29

例 a.  b.  c.○

1 a.  b.  c.

2 a.  b.  c.

3 a.  b.  c.

4 a.  b.  c.

🔊 II．○ですか、×ですか。
A-30

例（ ○ ） 女の人は料理を勉強するために、フランスへ行きます。
1（　） 女の人は電気や物を大切に使っています。
2（　） 女の人は箱を使おうと思っています。
3（　） 女の人は週末動物園へ行きました。
4（　） 2人はこれから新宿で映画を見ます。

🔊 III．会話を聞いて、質問に答えてください。
A-31

1　何のために、標語を作りますか。

　　（　　　　　　　　　　　　　　）ために、作ります。

2　子供たちはどんな標語を作りましたか。a～gから選んでください。

　　ⓐ．　　　　b．　　　　c．　　　　d．

　　e．　　　　f．　　　　g．

🔊 IV．質問を聞いて、あなたの答えを書いてください。
A-32

1　(　　　　　　　　　　　　　　　　　　　　　　　　　　)
2　(　　　　　　　　　　　　　　　　　　　　　　　　　　)
3　(　　　　　　　　　　　　　　　　　　　　　　　　　　)
4　(　　　　　　　　　　　　　　　　　　　　　　　　　　)

31 あしたまでに見ておきます

🔊 I. 正しいものを選んでください。
A-33

例 a.  b.  ⓒ.

1 a.  b.  c.

2 a.  b.  c.

3 a. 7:00 b. 7:30 c. 8:00

4 a.  b.  c.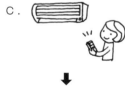

II. ○ですか、×ですか。

例（○）スケジュール表にテストの日が書いてあります。

1（　）お皿はきれいに洗ってあります。
2（　）女の人はこの教室の電気を消します。
3（　）山田さんは風邪を引きました。
4（　）女の人は前の髪を短くしたいと思っています。

III. 説明を聞いて、答えを選んでください。

例　始める30分前に何をしておきますか。

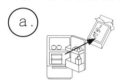　　　b.

バター　butter　黄油　bơ
オーブン　oven　烤箱　lò nướng
熱い　hot　热　nóng

1　どうやって作りますか。

2　どちらを混ぜすぎてはいけませんか。

3　オーブンはいつつけますか。
　a. 材料を混ぜるまえに　　b. 材料を混ぜたあとで

IV. 質問を聞いて、あなたの答えを書いてください。

1（　　　　　　　　　　　　　　　　　　　　）
2（　　　　　　　　　　　　　　　　　　　　）
3（　　　　　　　　　　　　　　　　　　　　）
4（　　　　　　　　　　　　　　　　　　　　）

32 りんごの皮はむかないほうがいいですね

🔊 I. 正しいものを選んでください。
A-37

例　a. 　　b. 　　ⓒ.

1　a. 　　b. 　　c.

2　a. 　　b. 　　c.

3　a. 　　b. 　　c.

4　a. 　　b. 　　c.

■)) II. ○ですか、×ですか。
A-38

例（ ○ ）昨日の晩 男の人は寝ませんでした。

1（　）女の人はコーヒーを飲むとき、いつも砂糖と牛乳を入れます。

2（　）今パソコンの新しい製品を買わないほうがいいです。

3（　）今雪が降っているので、学校が休みになりました。

4（　）先生は留学をしたほうがいいと考えています。

■)) III. 旅館の経営について話しています。新しく考えたことに○、違うものに×を
A-39 　　書いてください。
　　　　　　　　　　　　　　　　　　　　　お客さん　guest　顾客　khách

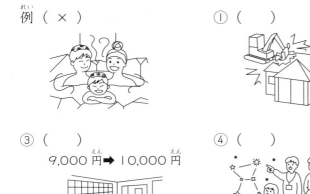
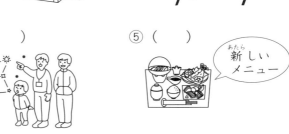

■)) IV. 質問を聞いて、あなたの答えを書いてください。
A-40

1（　　　　　　　　　　　　　　　　　　　　　　）

2（　　　　　　　　　　　　　　　　　　　）かもしれません。

3（　　　　　　　　　　　　　　　　　　　　　　）

4（　　　　　　　　　　　　　　　　　　　　　　）

33 車があれば、便利です

I. 正しいものを選んでください。
B-1

例　a. 給料が高いこと　　b. 休みが多いこと　　ⓒ. 専門が生かせること

1　a. 　　b. 　　c.

2　a. 高校を卒業していない人
　　b. 外国語はスペイン語だけ勉強した人
　　c. 外国語はフランス語だけ勉強した人

3　a. 新しい言葉　　b. 文法　　c. 漢字

4　a. 　　b. 　　c.

II．〇ですか、×ですか。

例（ × ）今部屋から富士山が見えます。

1（　）申し込むとき4人なら、ツアーは安くなります。
2（　）女の人は今週の土曜日の夜コンサートへ行きます。
3（　）男の人は時給がよければ、翻訳のアルバイトをします。
4（　）ミュージシャンが有名じゃなければ、若い人は来ないでしょう。

III．国際寮でみんなが一緒にできることを計画しています。会話を聞いて、答えてください。何をすることにしましたか。何をしないことにしましたか。どうしてですか。

案		理由
スポーツ大会	する・<u>しない</u>	スポーツが（好きじゃない人がいる）から。
旅行	① する・しない	(②　　　　　　　　　　　　) から。
料理	③ する・しない	作りながら（④　　　　　　　) し、料理ができない人でも（⑤　　　　　　　　　　) から。

IV．質問を聞いて、あなたの答えを書いてください。

1（　　　　　　　　　　　　　　　　　　　　　　　　　）
2（　　　　　　　　　　　　　　　　　　　　　　　　　）
3（　　　　　　　　　　　　　　　）、奨学金がもらえます。
4（　　　　　　　　　　　　　　　　　　　　　　　　　）

34 試合に負けてしまいました

🔊 I. 正しいものを選んでください。
B-5

例 a. けいざい   (b.) まんが   c. れきし

1 a.   b.    c.

2 a.    b.    c.

3 a. 今年の留学試験   b. 留学すること   c. 勉強を続けること

4 a.    b.   c.

Ⅱ. ○ですか、×ですか。
B-6

例（ × ） 女の人はサッカーをするのが好きです。

1 （　） 女の人はコピーが終わってから、帰ります。

2 （　） 男の人はアントニオさんが新しい会社を作ったのを知りませんでした。

3 （　） 女の人は昨日寝るまえに、窓を閉めました。

4 （　） 女の人はマイクさんの本を持って来てしまいました。

Ⅲ. 会話と質問を聞いて、正しい答えを選んでください。
B-7

例　a. 駅へ行きます。
　　b. 学校へ行きます。
　　ⓒ. コンビニへ行きます。

1　a. アルバイトを辞めると言いに行きます。
　　b. ロッカーにある自分の物を取りに行きます。
　　c. アルバイトをしに行きます。

2　a. 学校の勉強ができなくなること
　　b. アルバイト代が安いこと
　　c. 夜働けないこと

Ⅳ. 質問を聞いて、あなたの答えを書いてください。
B-8

1 (　　　　　　　　　　　　　　　　　　　　　　)

2 (　　　　　　　　　　　　　　　　　　　　　　)

3 (　　　　　　　　　　　　　　　　　　　　　　)

4 (　　　　　　　　　　　　　　　　　　　　　　)

35 傘を持ち歩くようにしています

🔊 I. 正しいものを選んでください。
B-9

例 a.  b.  ⓒ

1 a.  b.  c.

2 a.  b. c.

3 a.  b.  c.

4 a. ピアノが弾きにくい曲だから
　b. 新入生のパーティーによくない曲だから
　c. 速くて歌いにくい曲だから

Ⅱ．○ですか、×ですか。
B-10

例（○）猫が出たり、入ったりできるように、小さいドアがあります。
1（　）今日女の人は朝ご飯のまえに、運動しました。
2（　）男の人はこれから風邪を引かないように、うがいをします。
3（　）新しいアパートの台所は使いやすいです。
4（　）マリーさんはまた日本に来たいと思っています。

Ⅲ．説明を聞いてください。どちらについて話していますか。
B-11

例　a. 　　b.⃝

1　a. 　　b.

2　a. 　　b.

3　a. 　　b.

コミュニケーション
communication
交流 giao tiếp

4　a. 　　b.

Ⅳ．質問を聞いて、あなたの答えを書いてください。
B-12

1（　　　　　　　　　　　　　　　　　）ように、セットします。
2（　　　　　　　　　　　　　　　　　）ようにしています。
3（　　　　　　　　　　　　　　　　　）に使います。
4（　　　　　　　　　　　　　　　　　）

36 いろいろな国の言葉に翻訳されています

🔊 I．正しいものを選んでください。
B-13

例 a.  b.〇  c.
友達

1 a.  b.  c.

2 a.  b.  c.

3 a.  b.  c.

4 a. 中国　　b. イタリア　　c. 女の人の国

II. ○ですか、×ですか。
B-14

例（ ○ ） 姉は弟にケーキを食べられました。
1 （ 　 ） 女の人は男の人に変な顔の写真を撮られました。
2 （ 　 ） 女の人は、道が分からなかったので、知らない人に道を聞きました。
3 （ 　 ） この絵はピカソによってかかれました。
4 （ 　 ） この町では健康のために、いろいろな活動が行われています。

III. 会話と質問を聞いて、答えてください。
B-15

例 （ 　長崎ちゃんぽん　 ）
1 （ 　　　　　　　　 ） ごろから
2 陳平順という（ 　　　　　　 ）人
3 たくさんの人に（ 　　　　　　 ）店

IV. 質問を聞いて、あなたの答えを書いてください。
B-16

1 （ 　　　　　　　　　　　　　　　　　　　　　　　　　　　　 ）
2 （ 　　　　　　　　　　　　　　　　　　　　　　　　　　　　 ）
3 （ 　　　　　　　　　　　　　　　　　　　　　　　　　　　　 ）
4 （ 　　　　　　　　　　　　　　　　　　　　　　　　　　　　 ）

37 面白そうですね

🔊 I. 正しいものを選んでください。
B-17

例 a.  b. c.⃝

1 a.  b.  c.

2 a. b.  c.

3 a. 0回 b. 1回 c. 3回

4 a.  b.  c.

II. 〇ですか、×ですか。

例 (〇) 新しい車はたくさん売れそうです。

1 ( ) ビールは足りそうです。

2 ( ) このかばんは使いやすいです。

3 ( ) 男の人は今食事をしています。

4 ( ) 男の人は新しいスーパーへ行きました。

III. 会話と質問を聞いて、正しい答えを選んでください。

例　a. 転勤するところですから。
　　(b.) 新しい仕事を覚えているところですから。
　　c. 残業が多いですから。

1　a. 優しい人だ。
　　b. 厳しい人だ。
　　c. 仕事を教えてくれない人だ。

2　a. 転勤します。
　　b. 男の人に相談します。
　　c. 課長に質問します。

IV. 質問を聞いて、あなたの答えを書いてください。

1 (　　　　　　　　　　　　　　　　　　　　　　　　　)

2 (　　　　　　　　　　　　　　　　　　　　　　　　　)

3 　　　　　　　(　　　　　　　　　　　　　　　　　　)

4 (　　　　　　　　　　　　　　　　　　　　　　　　　)

38 猿に注意しろという意味です

I. 正しいものを選んでください。
B-21

例 a. b. c.⃝

1 a. b.  c.

2 a.  b.  c.

3 a. b. c.

4 a. 会う曜日　　b. 会う場所　　c. 会う時間

II．〇ですか、×ですか。

例（ × ）この部屋に入るとき、靴を脱がなくてもいいです。
1（　）紙が張ってあるときは、部屋に入ってはいけません。
2（　）お父さんは子供に黄色の服を着ろと言いました。
3（　）女の人はこれから田中さんに電話をします。
4（　）男の人は火事のとき、窓を開けたほうがいいと言いました。

火事　fire　火灾　hỏa hoạn

III．説明を聞いて、質問に答えてください。

1 このデパートで働くとき、次の色はどういう意味ですか。

赤　⇒（例　休み　）に行く。

黄色　⇒（①　　　　　　）に行く。

緑　⇒（②　　　　　　）に行く。

2 どうして色を使って伝えますか。

仕事中（　　　　　　）の前で（　　　　　　）言葉を

（　　　　　　）ようにしていますから。

IV．質問を聞いて、あなたの答えを書いてください。

1（　　　　　　　　　　　　　　　　　　　　　）
2（「　　　　　　　　　　　　　　　！」）と言います。
3 （　　　　　　　　　　　　　）という意味です。
4（　　　　　　　　　　　　　　　）と言っていました。

39 旅行のとき使おうと思って買ったのに……

🔊 Ⅰ．正しいものを選んでください。
B-25

例 ⓐ． 　b． 　c．

1　a． 　b． 　c．

2　a．免許を取ったばかりだから
　　b．自分の車じゃないから
　　c．買ったばかりの車だから

3　a． 　b． 　c．

4　a．ボタンを押さなかったから
　　b．全部売れてしまったから
　　c．お金を入れなかったから

II．○ですか、×ですか。
B-26

例（ × ）2人はカレーを食べています。
1（　）女の人は今日会議がなくなって、うれしそうです。
2（　）女の人はあまり勉強しなかったので、試験は難しかったです。
3（　）まいちゃんはこの食べ物が嫌いなようです。
4（　）男の人はご飯を食べたばかりなのに、もうおなかがすきました。

III．会話を聞いて、質問に答えてください。
B-27

例（ 去年入ったばかりな ）のに、男の人が会社を辞めたいと言ったから。

1　①（　　　　　　　　　　　　　）のに、英語が生かせないから。
　　②（　　　　　　　　　　　　　）のに、給料が安いから。
　　③（　　　　　　　　　　　　　）のに、部長が褒めてくれないから。

2　（　　　　　　　　　　　　　）ようだから。

IV．質問を聞いて、あなたの答えを書いてください。
B-28

1（　　　　　　　　　　　　　　　　　　　　　　　）
2（　　　　　　　　　　　　　　　　　　　　　　　）
3（　　　　　　　　　　　　　　　　　　　　　　　）
4（　　　　　　　　　　　　　　　　　　　　　　　）

40 息子を塾に行かせたいんですが……

🔊 Ⅰ．正しいものを選んでください。
B-29

例 ⓐ  b．  c．

1　a． 　b． 　c．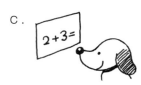

2　a． 　b． 　c．

3　a． 　b． 　c．

4　a．森さん　　　　b．女の人　　　　c．男の人

◀)) II．○ですか、×ですか。
B-30

例（○）お母さんは息子に部屋をきれいにさせます。

1 （　）男の人は高校のとき、アルバイトをしたくないと思っていました。

2 （　）お母さんは子供を遊びに行かせます。

3 （　）この会社ではしたい人だけが会社の周りの道を掃除します。

4 （　）このお父さんは子供が悪いことをしたとき、すぐ一緒に考えてあげます。

◀)) III．会話と質問を聞いて、正しい答えを選んでください。
B-31

例　a．アルバイトの人　　　　　　　ⓑ．市役所の人
　　c．新入社員

1　a．データを集めている　　　　　b．データを集めさせている
　　c．データをまとめている

2　a．男の人　　　　　　　　　　　b．男の人と新入社員
　　c．新入社員

3　a．新入社員を手伝う　　　　　　b．男の人に新入社員の手伝いを頼む
　　c．新入社員に男の人の手伝いを頼む

◀)) IV．質問を聞いて、あなたの答えを書いてください。
B-32

1 （　　　　　　　　　　　　　　　　　　　　　　　　　　　）

2 （　　　　　　　　　　　　　　　　　　　　　　　　　　　）

3 （　　　　　　　　　　　　　　　　　　　　　　　　　　　）

4 （　　　　　　　　　　　　　　　　　　　　　　　　　　　）

41 大学院で医学を研究なさいました

🔊 Ⅰ. 正しいものを選んでください。
B-33

例 a. 　b. 　c.

1　a. 　b. 　c.

2　a. 大阪へ 　b. 　c.

3　a. 　b. 　c.

4　a. 　b. 　c.

棚　shelf　架子　giá

II．○ですか、×ですか。
B-34

例（ ○ ）申込書はコピーして使ってもいいです。

1（　）男の人はこれからデパートの3階へ行きます。

2（　）社長は2時ごろここに来ます。

3（　）いろいろな国の人が松田さんのことを新聞や雑誌に書いています。

4（　）社長はインタビューがあることをまだ知りません。

III　ツアーでお寺に来ました。旅行会社の人の説明を聞いて、質問に答えてください。
B-35

例　お寺に入るとき、どうしますか。　ⓐ.　　　　b.

1　靴は脱いでから、どうしますか。　a. 　　b.

2　入ったら、まず何をしますか。　a. 　　b.

3　説明を待つとき、何をしますか。　a. 　　b.

IV．ご両親について聞きます。質問の答えを書いてください。
B-36

1（　　　　　　　　　　　　　　　　　　　　　　　　　　　　）

2（　　　　　　　　　　　　　　　　　　　　　　　　　　　　）

3（　　　　　　　　　　　　　　　　　　　　　　　　　　　　）

4（　　　　　　　　　　　　　　　　　　　　　　　　　　　　）

42 １０年前に日本へ参りました

🔊 Ⅰ．正しいものを選んでください。
B-37

例 a.  b.  c.

1 a.  b.  c.

2 a.  b.  c.

3 a. b.  c.

4　a．送別会に出る　　b．国へ帰る　　c．日本に来る

🔊 **II. ○ですか、×ですか。**
B-38

例（ × ）ホテルの予約はできませんでした。
1 （　）男の人は先生に荷物を渡します。
2 （　）学生は先生のうちへ行ったことがあります。
3 （　）加藤部長は今近くにいないので、電話で話せません。
4 （　）男の人は松田部長がいなかったので、伝言を頼みました。

🔊 **III. 会話を聞いて、質問に答えてください。4人は出席しますか。**
B-39

例　加藤さん　（　(出席)　・　欠席　・　まだ分からない　）
1　松田さん　（　出席　・　欠席　・　まだ分からない　）
2　本田さん　（　出席　・　欠席　・　まだ分からない　）
3　黒木さん　（　出席　・　欠席　・　まだ分からない　）

🔊 **IV. 質問を聞いて、あなたの答えを書いてください。**
B-40
　　　謙譲表現を使ってください。　　Use humble expressions. 请使用自谦语。
　　　　　　　　　　　　　　　　　　Hãy sử dụng các biểu hiện khiêm nhường.

1 （　　　　　　　　　　　　　　　　　　　　　　　　　　　　　）
2 （　　　　　　　　　　　　　　　　　　　　　　　　　　　　　）
3 （　　　　　　　　　　　　　　　　　　　　　　　　　　　　　）
4 （　　　　　　　　　　　　　　　　　　　　　　　　　　　　　）

『日本語初級 大地 メインテキスト』学習項目一覧

課	文型
1	・N1は　N2です。 ・N1は　N2じゃ　ありません。 ・Sか。 ・N1は　N2ですか。 　―はい、N2です。／はい、そうです。 　―いいえ、N2じゃ　ありません。 ・N1も　N2です。 ・N1の　N2
2	・これ／それ／あれ ・この／その／あの　N ・N1は　何ですか 　―N2です。 ・N1は　何の　N2ですか。 ・Nは　だれですか。 ・N1は　N2(人)のです。 ・N1は　だれの　N2／だれのですか。 ・S1か、S2か。 　―S1／S2。
3	・ここ／そこ／あそこ ・N1は　N2(場所)です。 ・Nは　どこですか。 ・どこの　N ・Nは　いくらですか。
4	・Nを　Vます。 ・Nを　Vません。 ・何も　Vません。 ・N(場所)で　Vます。 ・S1。それから、S2。 ・N1と　N2
5	・一時一分です。 ・{Vました。／Vませんでした。} ・N(時点)に　Vます。 ・N1(時点)から　N2(時点)まで
6	・N(場所)へ　行きます／来ます／帰ります。 ・〔年・月・日・時刻〕に／〔あした・来週・来年〕Vます。 ・いつ　Vますか。／Nは　いつですか。 ・N(乗り物)で　Vます。 ・N(人)と　Vます。 ・Vませんか。
7	・Nは　いAです。 ・Nは　なAです。 ・Nは　いAくないです。 ・Nは　なAじゃ　ありません。 ・Nは　どうですか。 ・いA　N／なA　N ・どんな　N ・Nは　どれですか。 ・S1。そして、S2。 ・S1が、S2。 ・Sね。(共感)
8	・N1(場所)に　N2が　あります／います。 ・N1の〔上・下・前・後ろ・横・中・外・隣・間・近く〕 ・N1は　N2(場所)に　あります／います。 ・N(人)が　一人　います。 ・Vましょう。 ・N1や　N2 ・Sよ。(情報の強調) ・Sね。(確認)
9	・N1(人)は　N2が　好きです／上手です。 ・N1(人)は　N2が　分かります。 ・S1から、S2。 ・どうして　S1か。 　―S2から。 ・N1は　N2が　あります。
10	・N1(人)に　N2を　貸します／あげます／教えます。 ・N1(人)に　N2を　借ります／もらいます／習います。 ・Nを　数量詞　V。 ・Nを　いくつ　Vか。 ・Nに　します。
11	・N1は　N2が　Aです。 ・N1は　N2より　Aです。 ・N1と　N2と　どちらが　Aですか。 　―N1／N2の　ほうが　Aです。 　―どちらも　Aです。 ・N1で　N2が　いちばん　Aです。 ・N1で　何／だれ／どこ／いつが　いちばん　Aですか。 　―N2が　いちばん　Aです。 ・いAくて／なAで／Nで、～。

12	・{Nは いAかったです。/Nは なAでした。/N1はN2でした。} ・{Nは いAくなかったです。/Nは なAじゃ ありませんでした。/N1は N2じゃ ありませんでした。} ・数量詞（期間） V。 ・どのぐらい Vか。
13	・Nが 欲しいです。 ・Vます形たいです。 ・N1（場所）へ Vます形／N2に 行きます／来ます／帰ります。 ・Vましょうか。（申し出） ・Vます形たいんですが、……。 ・Vます形＋方
14	・動詞のグループ ・V辞書形 ・趣味は V辞書形こと／Nです。 ・N1は V辞書形こと／N2が できます。（能力・状況可能） ・V1辞書形／Nの まえに、V2。 ・N1とか、N2とか ・N／なAでは ありません。
15	・Vて形 ・Vて形 ください。（指示・依頼・勧め） ・Vて形 くださいませんか。 ・Vて形 います。（進行）
16	・Vて形も いいです。 ・Vて形は いけません。 ・Vて形 います。（結果の状態1：結婚する・知るなど；反復・習慣：働くなど） ・V1て、V2て、〜。
17	・Vない形 ・Vない形ないで ください。 ・Vない形なくても いいです。 ・V1て形から、V2。 ・N1（場所）で N2（催しなど）が あります。
18	・Vた形 ・Vた形 ことが あります。 ・V1た形り、V2た形り します。 ・V1た形／Nの あとで、V2。
19	・普通形 ・普通形と 思います。 ・普通形と 言いました。 ・普通体S1が／から、普通体S2。
20	・名詞修飾{N1は 名詞修飾＋N2 です。/N1は 名詞修飾＋N2を Vます。/名詞修飾＋Nは 〜。} ・Vて形 います。（結果の状態2：着脱）
21	・普通形過去ら、S。（仮定条件） ・Vた形ら、S。（確定条件） ・{全品詞て／全品詞なくて}も、S。
22	・{N1（人）に N2を くれます。/N（人）に Vて形 くれます。/N（人）に Vて形 もらいます。/N（人）に Vて形 あげます。} ・疑問詞が Sか。 　—Nが S。 ・Vて くれて、ありがとう。
23	・いAく／なAに／Nに なります。 ・V辞書形と、S。 ・Vて形 来ます。 ・普通形でしょう。（同意を求める） ・文脈指示（ソ系） ・S。普通形からです。
24	・V可能形 ・N1はN2が V可能形ます。 ・V可能形ようになります。 ・V可能形なくなります。
25	・普通形ので、S。 ・疑問詞＋普通形か、〜。 ・普通かどうか、〜。 ・Vて形いません。（未完了）
26	・普通形非過去とき、S。 ・V辞書形／Vた形とき、S。 ・Vない形なければなりません。
27	・普通形んです。 ・普通形んですが、S。 ・V1ます形ながら、V2ます。 ・疑問詞＋Vた形らいいですか。 ・Vた形らどうですか。 ・Vて形いただけませんか。 ・N（3人称）は、普通形と思っています。

28	・ Vて形 います。(結果の状態3：動作・作用の結果) ・普通形そうです。 ・いAく／なAにVます。 ・におい／味／音／声がします。 ・Vます形 ましょうか。(誘い)
29	・S1普通形し、S2普通形し、〜。 ・V辞書形／Vない形 ことにしました。 ・V辞書形／Vない形 ことになりました。 ・V辞書形／Vない形 ことになっています。 ・S1けど、S2。(逆接)
30	・意向形 ・V意向形 と思っています。 ・V辞書形／Nのために、S。
31	・Vて形 おきます。(準備・措置・放置) ・Vて形 あります。 ・Vます形／いA／なAすぎます。 ・いAく／なAに／Nにします。
32	・Vた形／Vない形 ほうがいいです。 ・普通形かもしれません。 ・V1て形／V1ない形 で、V2ます。
33	・全品詞条件形 ・全品詞条件形、S。(仮定) ・普通形でしょう。(推量) ・普通形んじゃないですか。 ・S1けど、S2。 ・普通形かな。 ・Sよ。(依頼などの強調)
34	・Vて形 しまいました。(完了・後悔) ・V1た形 ままV2ます。 ・V辞書形 のは／がAです。 ・普通形のをVます。 ・Sよね。
35	・V1辞書形／V1ない形 ように、S。 ・V辞書形／Vない形 ようにしています。 ・V辞書形 の／名詞に〜。 ・Vます形 にくい・やすいです。 ・Vますように。
36	・V受身形 ・N1(人)はN2に V受身形 ます。 ・N1(人)はN2に(N3(物)を) V受身形 ます。 ・N1(物)は V受身形 ます。 ・N1(固有名詞)というN2
37	・いA~い／なAなそうです。 ・Vます形 そうです。 ・V辞書形／Vて形 いる／Vた形 ところです。 ・Vて形 みます。 ・Vて形 くれませんか。
38	・V命令形 ・V禁止形 ・Vます形 なさい。 ・Nは〜という意味です。 ・普通形と言っていました。
39	・普通形ようです。 ・普通形のに、S。 ・Vた形 ばかりです。
40	・V使役形 ・N1(人)はN2(人)にN3を V使役形 ます。 ｝強制・許可 ・N1(人)はN2(人)を V使役形 ます。 ・V使役形 ていただけませんか。
41	・尊敬動詞 ・お Vます形 になります。 ・お Vます形 ください。 ・尊敬形 ・おAです。
42	・謙譲動詞 ・お Vます形 します。 ・ご N する します。

凡例(はんれい)

N：名詞(めいし)　いA：い形容詞(けいようし)
V：動詞(どうし)　なA：な形容詞(けいようし)
S：文(ぶん)

著者
佐々木薫
西川悦子　　元専修大学国際交流センター　コーディネーター
大谷みどり

イラスト
柴野和香
すずきあやの

装丁・本文デザイン
山田武

CD 吹き込み
北大輔
谷口恵美
柳沢真由美

文法まとめリスニング　初級2
―日本語初級2　大地準拠―

2018年7月18日　初版第1刷発行
2024年1月30日　　第2刷発行

著　者　　佐々木薫　西川悦子　大谷みどり
発行者　　藤嵜政子
発　行　　株式会社スリーエーネットワーク
　　　　〒102-0083　東京都千代田区麹町3丁目4番
　　　　　　　　　トラスティ麹町ビル2F
　　　　電話　営業　03（5275）2722
　　　　　　　編集　03（5275）2725
　　　　http://www.3anet.co.jp/
印　刷　　倉敷印刷株式会社

ISBN978-4-88319-773-6　C0081
落丁・乱丁本はお取替えいたします。
本書の全部または一部を無断で複写複製（コピー）することは著作権法上での例外を除き、禁じられています。

日本語学校や大学で日本語を学ぶ外国人のための日本語総合教材

大地
だいち

■初級1

日本語初級1大地　メインテキスト
山﨑佳子・石井怜子・佐々木薫・高橋美和子・町田恵子●著
B5判　195頁＋別冊解答46頁　CD1枚付　3,080円（税込）〔978-4-88319-476-6〕

日本語初級1大地　文型説明と翻訳
〈英語版〉〈中国語版〉〈韓国語版〉〈ベトナム語版〉
山﨑佳子・石井怜子・佐々木薫・高橋美和子・町田恵子●著　B5判　162頁　2,200円（税込）
英語版〔978-4-88319-477-3〕　　中国語版〔978-4-88319-503-9〕
韓国語版〔978-4-88319-504-6〕　ベトナム語版〔978-4-88319-749-1〕

日本語初級1大地　基礎問題集
土井みつる●著　B5判　60頁＋別冊解答12頁　990円（税込）〔978-4-88319-495-7〕

日本語初級1大地　漢字学習帳〈英語版〉
中西家栄子・武田明子●著　B5判　123頁　1,540円（税込）〔978-4-88319-674-8〕

文法まとめリスニング 初級1―日本語初級1 大地準拠―
佐々木薫・西川悦子・大谷みどり●著
B5判　53頁＋別冊解答42頁　CD2枚付　2,420円（税込）〔978-4-88319-754-5〕

ことばでおぼえる やさしい漢字ワーク 初級1―日本語初級1 大地準拠―
中村かおり・伊藤江美・梅津聖子・牧野智子・森泉朋子●著
B5判　135頁＋別冊解答7頁　1,320円（税込）〔978-4-88319-779-8〕

日本語初級1大地　教師用ガイド「教え方」と「文型説明」
山﨑佳子・佐々木薫・高橋美和子・町田恵子●著
B5判　183頁　CD-ROM1枚付　3,080円（税込）〔978-4-88319-551-0〕

■初級2

日本語初級2大地　メインテキスト
山﨑佳子・石井怜子・佐々木薫・高橋美和子・町田恵子●著
B5判　187頁＋別冊解答44頁　CD1枚付　3,080円（税込）〔978-4-88319-507-7〕

日本語初級2大地　文型説明と翻訳
〈英語版〉〈中国語版〉〈韓国語版〉〈ベトナム語版〉
山﨑佳子・石井怜子・佐々木薫・高橋美和子・町田恵子●著　B5判　156頁　2,200円（税込）
英語版〔978-4-88319-521-3〕　　中国語版〔978-4-88319-530-5〕
韓国語版〔978-4-88319-531-2〕　ベトナム語版〔978-4-88319-759-0〕

日本語初級2大地　基礎問題集
土井みつる●著　B5判　56頁＋別冊解答11頁　990円（税込）〔978-4-88319-524-4〕

日本語初級2大地　漢字学習帳〈英語版〉
中西家栄子・武田明子●著　B5判　101頁　1,540円（税込）〔978-4-88319-684-5〕

文法まとめリスニング 初級2―日本語初級2 大地準拠―
佐々木薫・西川悦子・大谷みどり●著
B5判　48頁＋別冊解答50頁　CD2枚付　2,420円（税込）〔978-4-88319-773-6〕

ことばでおぼえる やさしい漢字ワーク 初級2―日本語初級2 大地準拠―
中村かおり・伊藤江美・梅津聖子・牧野智子・森泉朋子●著
B5判　120頁＋別冊解答7頁　1,320円（税込）〔978-4-88319-782-8〕

日本語初級2大地　教師用ガイド「教え方」と「文型説明」
山﨑佳子・佐々木薫・高橋美和子・町田恵子●著
B5判　160頁　CD-ROM1枚付　3,080円（税込）〔978-4-88319-579-4〕

日本語学習教材の
スリーエーネットワーク

https://www.3anet.co.jp/
ウェブサイトで新刊や日本語セミナーを紹介しております
営業　TEL:03-5275-2722　　FAX:03-5275-2729

文法まとめリスニング 初級 ②

―日本語初級2 大地準拠―

別冊

答え
<ruby>こた</ruby>

スクリプト

スリーエーネットワーク

答え

※各課のⅣは自分の言葉で答える問題のため、解答例を載せていません。

23
Ⅰ 1(b) 2(b) 3(c) 4(a)
Ⅱ 1(○) 2(○) 3(×) 4(×)
Ⅲ 1(J) 2(A) 3(D) 4(L)

24
Ⅰ 1(b) 2(c) 3(a) 4(a)
Ⅱ 1(×) 2(×) 3(○) 4(×)
Ⅲ 1①好きなとき、いつでも出かけられる
　②友達と車で旅行できる
2 車の中では大きい声で歌が歌えます

25
Ⅰ 1(c) 2(b) 3(a) 4(b)
Ⅱ 1(○) 2(○) 3(×) 4(○)
Ⅲ 1 はい 2 はい 3 いいえ

26
Ⅰ 1(c) 2(c) 3(b) 4(b)
Ⅱ 1(×) 2(○) 3(○) 4(○)
Ⅲ ①する／しなければならない
　②許可 ③した ④何時間した

27
Ⅰ 1(c) 2(a) 3(c) 4(b)
Ⅱ 1(×) 2(○) 3(×) 4(○)
Ⅲ 1 日本の会社で働きたい(と思っている)
2 ユナさんになかなか会えなくて、寂しい
3 毎日テレビ電話で話す約束をしたら、いい

28
Ⅰ 1(b) 2(a) 3(b) 4(c)
Ⅱ 1(×) 2(×) 3(○) 4(×)
Ⅲ 1(c) 2(a) 3(b)

29
Ⅰ 1(c) 2(b) 3(b) 4(b)
Ⅱ 1(○) 2(○) 3(○) 4(×)
Ⅲ 1①子供の本 ②フレックス
　③9時〜5時 ④必要
　⑤必要ない ⑥ある ⑦ある
2 えほん

30
Ⅰ 1(b) 2(b) 3(b) 4(a)
Ⅱ 1(○) 2(×) 3(×) 4(×)
Ⅲ 1 いいクラスを作る
2 c、e、g

31

I 1(b) 2(a) 3(c) 4(b)
II 1(×) 2(×) 3(×) 4(○)
III 1(c) 2(b) 3(a)

32

I 1(c) 2(b) 3(b) 4(b)
II 1(×) 2(○) 3(×) 4(○)
III ①× ②○ ③× ④○ ⑤×

33

I 1(c) 2(b) 3(b) 4(b)
II 1(○) 2(×) 3(○) 4(×)
III ①しない ②お金がかかる
　③する ④いろいろ話せる
　⑤何か手伝うことができる

34

I 1(c) 2(b) 3(a) 4(a)
II 1(○) 2(○) 3(×) 4(○)
III 1(b) 2(a)

35

I 1(c) 2(a) 3(b) 4(b)
II 1(×) 2(○) 3(×) 4(○)
III 1(b) 2(b) 3(b) 4(a)

36

I 1(b) 2(b) 3(c) 4(a)
II 1(×) 2(×) 3(○) 4(○)
III 1 1900年
　2 中国
　3 知られている

37

I 1(c) 2(b) 3(a) 4(b)
II 1(○) 2(×) 3(×) 4(○)
III 1(a) 2(c)

38

I 1(b) 2(c) 3(c) 4(c)
II 1(○) 2(×) 3(×) 4(×)
III 1 ①トイレ ②食事
　2 お客さん、言いにくい、
　　使わない

39

I 1(c) 2(c) 3(a) 4(b)
II 1(×) 2(×) 3(×) 4(○)
III 1 ①英語を使う仕事がしたい／得意な
　②毎日夜遅い時間まで働いている
　③いい仕事をしている
　2 部長がもうすぐ退職する

40

Ⅰ 1(b) 2(a) 3(a) 4(c)
Ⅱ 1(×) 2(○) 3(×) 4(×)
Ⅲ 1(a) 2(b) 3(c)

41

Ⅰ 1(c) 2(a) 3(b) 4(b)
Ⅱ 1(×) 2(×) 3(×) 4(×)
Ⅲ 1(a) 2(b) 3(a)

42

Ⅰ 1(c) 2(c) 3(b) 4(c)
Ⅱ 1(×) 2(×) 3(○) 4(○)
Ⅲ 1 欠席(けっせき)
　 2 出席(しゅっせき)
　 3 まだ分(わ)からない

スクリプト

23 橋を渡ると、左に公園があります

🔊 A-1

Ⅰ．正しいものを選んでください。

例 ★男の人は今日何歳になりましたか。
女：お誕生日おめでとうございます。18歳ですね。
男：ええ、来月から大学生です。
女：ああ、そうですね。大学生になったら、何をしたいですか。
男：20歳までに運転を習って、22歳までに留学をしたいです。
★男の人は今日何歳になりましたか。

1 ★女の人の髪は今どうですか。
女：こんにちは。
男：あ、久しぶりですね。あれ、髪、短くなりましたね。
女：ええ、先週切りました。ちょっと長くなりましたから。
男：いいですよ。とても似合っています。
★女の人の髪は今どうですか。

2 ★女の人は何を入れると、カレーがおいしくなると言いましたか。
女：いただきます。このカレー、おいしいね。牛乳、入れた？
男：うん。今日はりんごも入れた。
女：ああ、りんごね。チョコレートも少し入れると、おいしくなると聞いたよ。
男：本当？ じゃ、今度入れて作るから、楽しみにしていてね。
★女の人は何を入れると、カレーがおいしくなると言いましたか。

3 ★この子供はこの曲を聞くと、どうなりますか。
女1：息子さん、踊り、上手ですね。何歳になりましたか。
女2：1歳になりました。この子、面白い子で、この曲を聞くと、立って踊ります。
女1：本当ですか。泣いていても？
女2：ええ、泣いていても、この曲が聞こえると、すぐ笑います。
★この子供はこの曲を聞くと、どうなりますか。

4 ★女の人の町は昔花見の季節はどうでしたか。
女：わたしの町に桜がきれいな川があります。
男：そうですか。桜の季節はいいでしょう。その川、昔から桜の木がありますか。
女：ええ。でも、花見に来る人がいなかったから、静かでした。今桜が有名になって、花見の季節になると、にぎやかです。
男：有名になると、すぐ人が来ますからね。
★女の人の町は昔花見の季節はどうでしたか。

🔊 A-2

Ⅱ．○ですか、×ですか。

例 男：子供のとき、何になりたかったですか。

女：わたしは動物の医者になりた
かったです。
男：そうですか。今動物の服のデザ
インをしていますね。
女：ええ、動物が好きですから。
★女の人は今子供のときしたかっ
た仕事をしています。

1　男：こんにちは。
女：サムさん、久しぶりですね。ど
うぞ上がってください。
男：失礼します。この近く、店が多
くなって、変わりましたね。
女：そうですね。昔はあまり便利
じゃありませんでしたが、今は
買い物が楽になりました。
★女の人のうちの近くは便利にな
りました。

2　女1：わあ、すてきな部屋ですね。
あれ、このかばん、きれいな
色ですね。
女2：あ、それ、母の着物が古くなっ
たから、リサイクルして作り
ました。
女1：えっ、本当ですか。
女2：あそこにあるかばんも新聞で
作ったものですよ。
女1：へえ。リサイクルが上手です
ね。
★着物や新聞がかばんになりました。

3　男：映画の時間まで1時間あるから、
公園の中、少し歩かない？
女：うん。でも、のどが渇いたから、
ちょっと飲み物、買って来ても
いい？
男：いいよ。ここで待ってるね。

女：うん。
★男の人は飲み物を買って来ても
らいます。

4　女：あれ、このドア、開かないよ。
男：そのドア、前に立っても、開か
ないよ。手で開けるドアだから。
女：あ、そうか。
★このドアは前に立つと、開きます。

🔊 A-3
Ⅲ. 男の人は何を探していますか。
例　男：すみません。この近くに本屋さ
んはありませんか。
女：本屋ですか。2つ目の交差点を
右に曲がると、左にありますよ。
男：2つ目の交差点を右ですね。あ
りがとうございました。

1　男：すみません、銀行はどこですか。
女：1つ目の交差点を左に曲がる
と、右にあります。
男：あ、その交差点を左ですね。
どうもありがとうございました。

2　男：あのう、郵便局を探している
んですが……。
女：ええと、まっすぐ行くと、突き
当たりにあります。
男：突き当たり？　何ですか。
女：道が終わるところです。
男：分かりました。どうも。

3　男：この近くに花屋はありませんか。
女：その交差点を渡ると、左に大
きいカラオケ屋があります。花
屋はその隣です。
男：カラオケ屋の隣ですね。分か
りました。どうも。

4　男：市役所はどこですか。

女:その交差点を右に曲がって、まっすぐ行くと、橋があります。市役所は橋を渡ると、左にあります。

男:橋を渡って、左ですね。ありがとうございました。

🔊 A-4

Ⅳ. 質問を聞いて、あなたの答えを書いてください。
1 春になると、どうなりますか。
2 たくさん歩くと、どうなりますか。
3 子供のとき、何になりたかったですか。
4 寒くなると、何が欲しくなりますか。

24 この動物園は夜でも入れます

🔊 A-5

Ⅰ. 正しいものを選んでください。

例 ★男の人はまだ何ができませんか。
女:日本語、上手になりましたね。
男:はい、テレビのニュースも少し分かるようになりました。
女:新聞は?
男:漢字は少し読めるようになりましたが、まだ新聞は読めません。難しい漢字が多いですから。
★男の人はまだ何ができませんか。

1 ★この図書館では何が借りられますか。
女:すみません。この雑誌は借りられますか。
男:あ、それはまだ借りられません。新しいですから。
女:じゃ、これは大丈夫ですか。

男:はい、それは先月の雑誌ですから、大丈夫ですよ。
女:じゃ、これとこれとこれと、全部で4冊借りてもいいですか。
男:すみません。雑誌は3冊しか借りられません。
★この図書館では何が借りられますか。

2 ★女の人は何ができるようになりましたか。
男:この間買ったスマホ、どうですか。
女:電車の時間やいろいろなところの行き方もすぐ調べられるようになって、とても便利です。
男:そうですか。
女:写真もきれいなものが撮れるようになりました。
男:でも、難しくないですか。
女:写真に絵をかいたり、字を書いたりすることはまだできませんが、すぐできるようになると思います。
★女の人は何ができるようになりましたか。

3 ★男の人は今何ができませんか。
女:あれ、村上さん、お酒、飲んでいないね。
男:うん、ちょっとけがをしたから、治るまで飲めなくなった。
女:えっ、テニスの試合、来月でしょう。大丈夫?
男:うん、大丈夫だと思う。今はもう歩けるから。走る練習も始めたよ。

★男の人は今何ができませんか。
4　★お菓子の工場へ見学に来ました。だれが入れますか。
　　男：あ、すみません。こちらは12歳以下の子供しか入れません。
　　女：えっ。
　　男：ここは13歳以上の人は入れませんから、すみませんが、大人は外で待っていてください。
　　女：そうですか。分かりました。
　　★だれが入れますか。

🔊 A-6
Ⅱ．○ですか、×ですか。
例　男：ユナさんは子供のとき、何を習いましたか。
　　女：水泳と英語を習いました。水泳はすぐ上手になりましたが、英語はあまり上手になりませんでした。
　　男：そうですか。
　　★ユナさんはあまり泳げません。
1　男：すみません。
　　女：あ、トニーさん。
　　男：あのう、今シャワーを浴びてもいいですか。寮のルールがまだ分かりませんから、教えてくださいませんか。
　　女：シャワーは11時までに浴びてください。ええと、今11時10分ですね。
　　男：あ、そうですね。分かりました。
　　★今トニーさんはシャワーが浴びられます。
2　女：山田さん、ヨーロッパ旅行はどうでしたか。

　　男：よかったですよ。でも、時間がなかったから、フランスとドイツしか行けませんでした。
　　女：そうですか。
　　★山田さんはフランスとドイツへ行けませんでした。
3　男：ダンスの練習はどうですか。
　　女：頑張っていますよ。みんなで踊る簡単なダンスは踊れるようになりました。
　　男：すごいですね。1か月前に練習を始めたと聞きましたが……。
　　女：ええ、たくさん練習して、将来一人だけで踊れるようになりたいです。
　　男：頑張ってくださいね。
　　★女の人はまだ一人で踊るダンスができません。
4　男：日本の生活はどうですか。
　　女：いろいろなことができるようになりましたから、楽しいです。
　　男：そうですか。でも、ご家族に会えなくなって、寂しくないですか。
　　女：会えませんが、毎日インターネットで話しています。顔も見られますから、大丈夫です。
　　★女の人は日本に来て、家族の顔が見られなくなりました。

🔊 A-7
Ⅲ．会話を聞いて、質問に答えてください。
　　女：先月車を買いました。

男：そうですか。じゃ、好きなとき、いつでも出かけられるようになりましたね。
女：ええ、友達と車で旅行もできるようになりました。
男：あ、でも、車の長い旅行は疲れませんか。
女：そうですね。疲れても、運転のときは寝られませんからね。でも、車の中では大きい声で歌も歌えますから、あまり眠くなりませんよ。

🔊 A-8
IV. 質問を聞いて、あなたの答えを書いてください。
1 日本語の新聞が読めますか。
2 昨日よく寝られましたか。
3 いつ平仮名が書けるようになりましたか。
4 コンピューターがなかったら、何ができなくなると思いますか。

25 何をやるか、もう決めましたか

🔊 A-9
I. 正しいものを選んでください。
例 ★ユナさんはこれから何をしますか。
男：あ、ユナさん。
女：あ、先生。
男：論文を出す日まで1週間しかありませんが、書いていますか。
女：実はまだ書いていませんが、テーマはもう決めました。
男：資料は？ もう集めましたか。
女：はい、大丈夫です。

★ユナさんはこれから何をしますか。

1 ★2人はこれから何をしますか。
男：このアパート、駅から近いから、いいね。ここにする？
女：家賃は？ いくらか、聞いた？
男：うん。10万円だから、払えるでしょう。
女：そうだね。あ、でも、ちょっと待って。犬を飼ってもいいかどうか、確認した？
男：あ、それはまだ確認してない。
★2人はこれから何をしますか。

2 ★2人はクラスのみんなに何を聞きますか。
男：クラスのみんなで旅行に行かない？
女：えっ、みんなで？ それは難しいと思うよ。みんな行きたいところも見たいものも違うと思うから。行きたくない人もいるよ、きっと。
男：そうかな。じゃ、クラス旅行したいかどうか、みんなに聞かない？
女：うん。それで、行きたい人が多かったら、考えてもいいよ。
★2人はクラスのみんなに何を聞きますか。

3 ★女の人はどうして授業に遅れましたか。
女：先生、今日は授業に遅れて、すみませんでした。
男：どうしましたか。朝起きられませんでしたか。

女：いいえ、今朝は早く起きましたが、宿題が……。
男：朝宿題をしましたか。
女：いいえ、宿題を家に忘れたので、取りに帰りました。
★女の人はどうして授業に遅れましたか。

4 ★男の人はこれからすぐ何をしますか。
女：京都ツアー、もう申し込みましたか。
男：ええ、申し込みました。でも、まだお金を払っていません。
女：あ、来週までに払わなかったら、行けなくなりますよ。
男：えっ、申し込んでも？ じゃ、今払いに行きます。
★男の人はこれからすぐ何をしますか。

🔊 A-10
II. ○ですか、×ですか。
例 男：あしたのパーティーは何時からですか。
女：3時からですよ。
男：場所は寮の食堂ですね。
女：ええ、そうです。たくさん学生が来ると思いますよ。
男：楽しみですね。
★男の人はあしたのパーティーがどこであるか、知りませんでした。

1 男：マリーさん、来月のスキーツアーに行きますか。
女：今考えています。
男：申し込みはあさってまでですよ。
女：そうですか。行きたいんですが、アルバイトが休めるかどうか、聞いてから、決めます。
★マリーさんはスキーツアーに行くかどうか、まだ決めていません。

2 女：おいしいパン屋さんを知っていますか。
男：おいしいパン屋さんですか。あ、駅の近くにおいしいパン屋さんがあると聞いたことがあります。
女：どこですか。
男：ちょっと待ってください。インターネットで見ますから。
★男の人はこれからおいしいパン屋がどこにあるか、調べます。

3 男：おいしいですね、この料理。
女：ええ、おいしいですね。
男：あれ、でも、あまり食べていませんね。体の調子が悪いですか。
女：いいえ、太りたくないので。
★女の人は体の調子が悪いので、あまり食べられません。

4 女1：ねえ、ユナさん、もう寝ましょう。
女2：まだ寝られない。あした出す宿題があって、まだやってないから。
女1：じゃ、わたしは寝るね。おやすみなさい。
女2：おやすみなさい。
★ユナさんはこれから宿題をするので、まだ寝られません。

🔊 A-11

Ⅲ. 会話と質問を聞いて、正しい答えを選んでください。

男：生け花を習いたいんですが、この近くにいい教室があるかどうか、知っていますか。
女：あ、駅の近くに人気がある生け花教室がありますよ。1週間に1回のクラスだと思います。
男：いくらぐらいですか。
女：いくらか、よく知りませんが、妹が行っていますから、聞きましょうか。
男：ぜひお願いします。
女：ちょっと待ってくださいね。今妹に電話しますから。分かりましたよ。1か月7,000円です。すぐ入れると思いますよ。
男：じゃ、連絡したいので、その教室の電話番号を教えてくださいませんか。

質問
例 男の人はこの近くにいい生け花教室があるかどうか、知っていましたか。
1 女の人はいい生け花教室があるかどうか、知っていましたか。
2 女の人は生け花教室が1週間に何回あるか、知っていましたか。
3 女の人は生け花教室がいくらか、知っていましたか。

🔊 A-12

Ⅳ. 質問を聞いて、あなたの答えを書いてください。
1 今日本に大学がいくつあるか、知っていますか。
2 隣に住んでいる人がどこで生まれたか、知っていますか。
3 アパートを借りるまえに、どんなことを確認しますか。
4 あしたの晩何を食べるか、もう決めましたか。

26 サッカーの合宿に参加したとき、もらいました

🔊 A-13

Ⅰ. 正しいものを選んでください。
例 ★病院で薬の説明を聞いています。
女の人はいつ白い薬を飲みますか。
男：この黄色の薬は食事のあとで、飲んでください。
女：はい、食事のあとですね。
男：ええ、頭が痛くなったときはすぐこの白い薬を飲んでください。
女：はい、分かりました。
★女の人はいつ白い薬を飲みますか。

1 ★眠いとき、男の人は何をしますか。
女：勉強しているとき、時々とても眠くなります。昨日はコーヒーを飲みましたが、全然……。
男：わたしも時々そうです。シャワーを浴びる人もいますが、わたしは少し寝ますね。
女：えっ、どのぐらい？
男：10分ぐらいでも、全然違いますよ。
★眠いとき、男の人は何をしますか。

2 ★女の人はいつ有名な野球の選手を見ましたか。
女：昨日駅の近くで有名な野球の選手、見たよ。ほら、この間結婚した人。
男：えっ、本当？ すごい。
女：買い物して、スーパーから出たとき、駅の前を歩いてた。
男：そう。僕も見たかった。
★女の人はいつ有名な野球の選手を見ましたか。

3 ★あした湖へ行きます。いつ昼ごはんを食べますか。
女：湖までどのぐらいかかる？
男：3時間ぐらいだと思う。湖に着くちょっとまえに、庭が有名なお寺があるから、見ない？
女：うん、いいよ。昼ご飯はどこで食べる？ あしたは日曜日だから、レストランにすぐ入れるかどうか、分からないよ。
男：11時半ごろお寺に着くから、着いたとき、レストラン、探さない？ お寺を見るまえに、食べたいね。
女：分かった。
★あしたいつ昼ご飯を食べますか。

4 ★女の人が公園の事務室で話しています。この公園で歌を歌うとき、何が要りますか。
女：わたしの歌をたくさんの人に聞いてもらいたいんですが、この公園で歌っても、大丈夫ですか。
男：はい。いいですが、申し込みをして、許可証をもらってください。
女：お金を払わなければなりませんか。それから、学生証とか、要りますか。
男：いいえ、払わなくてもいいです。学生証も要りません。
★この公園で歌を歌うとき、何が要りますか。

🔊 A-14
II. ○ですか、×ですか。
例 女：この電車、新宿駅へ行きますか。
男：はい、行きます。でも、この電車は特急ですから、特急券がなかったら、乗れませんよ。
女：分かりました。どうもありがとうございます。
★この電車に乗るとき、特急券を買わなければなりません。

1 女：昨日地下鉄の駅の中に犬がいたよ。
男：えっ、人は一緒にいなかったの？
女：うん、電車に乗るとき、ベンチの前を歩いてた。
男：えっ、どこから来た犬？
女：分からない。わたしはすぐに電車に乗ったから……。
★女の人は電車の中で犬を見ました。

2 男：映画、面白かったね。
女：うん、いい映画だったね。
男：ねえ、これから一緒に食事しない？
女：ごめん。図書館に本を返しに行かなきゃ。
男：そう。じゃ、またね。
女：じゃ、また。

★女の人はこれから図書館へ本を返しに行きます。

3　女：もしもし、そちらの美術館は車を止めるところがありますか。
　　男：すみません。車を止めるところはありません。バスか電車でお願いします。
　　女：美術館の近くはどうですか。
　　男：近くにもないので……。
　　女：分かりました。
　★美術館へはバスか電車で行かなければなりません。

4　女：先週いい店を見つけました。駅の前の小さいイタリア料理のレストランです。
　　男：あ、わたしも見ました。新しい店ですね。
　　女：ええ。昨日行って、食事しました。
　　男：へえ、もう行きましたか。早いですね。
　　女：新しい店はいつもすぐ行きます。その店、とてもおいしかったから、今度一緒に行きましょう。
　★女の人は新しい店を見つけたとき、いつもすぐ行きます。

🔊 A-15
Ⅲ. 残業について話しています。説明を聞いて、この会社のルールを書いてください。
　　女：この会社の残業について、少し説明します。まず、残業は必要なときだけ、してください。残業しなければならないときは、課長に理由を言って、許可をもらわなければなりません。許可をもらわなかったら、残業ができません。残業したときは、何時間したか、ノートに書いてください。では、よろしくお願いいたします。

🔊 A-16
Ⅳ. 質問を聞いて、あなたの答えを書いてください。
1　日本で道が分からないとき、どうしますか。
2　どんなとき、ストレスを感じますか。
3　病院へ行くとき、何が要りますか。
4　今週何をしなければなりませんか。

27　いつから熱があるんですか

🔊 A-17
Ⅰ. 正しいものを選んでください。
例　★女の人はどうしましたか。
　　女：ハックション。
　　男：どうしたんですか。
　　女：昨日から…ハックション…止まらないんです。
　　男：風邪を引いたんですか？
　　女：いいえ、アレルギーなんです。
　★女の人はどうしましたか。

1　★男の人はどうして出張に行きませんでしたか。
　　女：木村さん、先週の出張、どうでしたか。
　　男：ああ、実はそれ、行けなかったんです。

女：えっ、どうして行けなかったんですか。
男：前の日から気分が悪かったんですが、出張の日の朝熱が出て……。
女：そうでしたか。それは大変でしたね。
★男の人はどうして出張に行きませんでしたか。

2 ★女の人はどこで新幹線の切符を買いますか。
女：新幹線の切符を買いたいんですが、どこで買ったらいいですか。
男：駅やインターネットでも買えますが、旅行の会社でも買えますよ。
女：そうですか。インターネットで買い物したくないんですが……。
男：じゃ、ここからいちばん近いところは隣のビルの「東京旅行」です。
女：そうですか。じゃ、今日そこに買いに行きます。
★女の人はどこで新幹線の切符を買いますか。

3 ★女の人はどんな勉強のし方がいちばんいいと言いましたか。
男：ユナさんは日本語がとても上手ですね。わたしも日本語の会話が上手になりたいんですが、いい勉強のし方を教えていただけませんか。
女：そうですね。クラスの友達とたくさん練習したり、日本のドラマを見たり……。
男：うーん、それはやっているんですが……。
女：そうですか。じゃ、毎日日本人と話したらどうですか。日本人の友達と話してください。それがいちばんいいと思いますよ。
★女の人はどんな勉強のし方がいちばんいいと言いましたか。

4 ★女の人は昨日どうしましたか。
男：あれ、ユナさん、手、どうしたの?
女：昨日新宿から帰るとき、駅の階段で転んだの。
男：階段で?
女：うん、スマホ、見ながら歩いてたの。転んだとき、手、けがして……。
男：手だけでよかったね。スマホは?壊れなかった?
女：うん、スマホは壊れなかった。
★女の人は昨日どうしましたか。

🔊 A-18
Ⅱ. ○ですか、×ですか。
例 男：わあ、おいしそうなケーキ。ユナさんが作ったの?
女：そう。わたしが作ったの。
男：だれかにあげるの?
女：うん。今日はゆうたさんの誕生日だから。
男：へえ、いいなあ。
★女の人は自分で作ったケーキをゆうたさんにあげます。

1 男：ゆきこさんはよくカラオケに行きますか。

女：カラオケは好きなんですが、あまり時間がなくて……。
男：今晩一緒に行きませんか。
女：今晩もちょっと用事があって……。残念です。
★女の人はカラオケがあまり好きじゃありません。

2　男：すみません。来週の金曜日アジア料理のパーティーをしたいんですが、台所を貸していただけませんか。
女：ええ、いいですよ。
男：パーティーは5時から始めるんですが、3時ごろから準備を始めたいと思っていて……。
女：分かりました。
★男の人は来週の金曜日3時ごろから台所を借ります。

3　男：休みはどうでしたか。
女：京都へ行きました。楽しかったですよ。
男：そうですか。だれと行ったんですか？
女：中学のときの友達です。
男：どこに泊まったんですか？
女：安いホテルです。でも、食事はちょっと高い店に行きました。
★女の人は京都で安い料理を食べました。

4　女：ゆうたさん。ゆうたさん。
男：あ、ユナさん。聞こえなかった。
女：いつも音楽、聞きながら、勉強するの？
男：うん、音楽、聞きながらすると、気分がよくて、たくさんできるから。
女：へえ、そう。わたしは音が聞こえると、全然勉強できない。
★男の人はいつも音楽を聞きながら、勉強します。

🔊 A-19
Ⅲ．会話を聞いて、質問に答えてください。
男：ユナさん、どうしたんですか。元気がありませんね。
女：ええ、ちょっと両親とけんかして……。
男：けんか？
女：大学を卒業しても、わたしはまだ韓国には帰りたくないんです。日本の会社で働きたいと思っていますから。でも、両親は反対しているんです。
男：ご両親は寂しいんですよ。ユナさんになかなか会えないから。毎日テレビ電話で話す約束をしたら、どうですか。ご両親も安心すると思いますよ。

🔊 A-20
Ⅳ．質問を聞いて、あなたの答えを書いてください。
1　いつ日本語の勉強を始めたんですか。
2　どうして日本語を勉強しているんですか。
3　あなたの国へ旅行に行きたいんですが、どこへ行ったらいいですか。
4　お見舞いに行くんですが、何を持って行ったらいいか、教えていただけませんか。

27　いつから熱があるんですか　15

28 空に星が出ています

🔊 A-21

Ⅰ. 正しいものを選んでください。

例 ★男の人はこれから何をしますか。
男：先生、さようなら。
女：トムさん、かばんが開いていますよ。
男：あ、ありがとうございます。
女：気をつけて。
男：はい。
★男の人はこれから何をしますか。

1 ★女の人の自転車は今どうですか。
女：あ、わたしの自転車が倒れてる。
男：大丈夫？ 壊れてる？
女：ううん、大丈夫。電気も割れてない。かぎも……あるよ。悪いところはないと思う。
★女の人の自転車は今どうですか。

2 ★このお茶はどんなお茶ですか。
女1：はい。どうぞ。
女2：わあ、このお茶、甘いにおいがしますね。
女1：ちょっと珍しいでしょう。
女2：いただきます。あれ、でも、甘い味はしないんですね。
★このお茶はどんなお茶ですか。

3 ★女の人が見たものは何ですか。
男：駅の前に新しいビルができましたね。
女：ええ、大きいですね。中にはいろいろな店が入るそうですよ。
男：へえ。
女：いちばん上はレストランで、1階にはお弁当屋とかパン屋が入るそうです。
★女の人が見たものは何ですか。

4 ★今日の天気はどうですか。
女：雨、強く降っていますか。
男：ええ。傘がなかったら、ぬれますよ。
女：そうですか。じゃ、傘、持って行かなきゃ。
★今日の天気はどうですか。

🔊 A-22

Ⅱ. 〇ですか、×ですか。

例 男：この部屋、ちょっと暑いですね。エアコンをつけましょうか。
女：そうですね。お願いします。
男：どうですか。
女：あ、涼しくなりましたね。
★部屋のエアコンはついていました。

1 男：じゃ、行って来ます。
女：あ、出かけるの？ 待って。そのシャツ、汚れてるよ。
男：えっ、どこ？
女：ほら、そこ。そこ。
男：あ、これ、汚れてるんじゃない。破れてる。
★このシャツは汚れています。

2 男：すみません。コピー機を使いたいんですが、いいですか。
女：このコピー機は今壊れているんです。1階にもあるので、すみませんが、そちらを使ってください。
男：はい、分かりました。
★1階のコピー機は今使えません。

3 男：サムさんが結婚するそうですよ。
女：えっ、本当ですか。だれと？

男：会社で一緒に働いている人だそうです。佐藤さんが言っていました。
女：そうですか。
★男の人は佐藤さんからサムさんの結婚について聞きました。

4　女：さっき連絡があったんですが、近くの工場で事故があったそうです。
男：えっ、事故？
女：ええ、ここは危ないので、みどり公園に行ってください。みんなに連絡したら、わたしも行きます。
男：分かりました。本当だ。変なにおいがしますね。
★工場で事故があったので、女の人たちは外へ出てはいけません。

🔊 A-23
Ⅲ. 会話と質問を聞いて、答えを下の絵の中から選んでください。
男：昨日の地震、大丈夫でしたか。
女：すごく揺れましたね。怖かったです。
男：ニュースによると、海の近くはもっと強く揺れたそうですね。あ、森さんのご両親は海の近くに住んでいますよね。
女：ええ。今朝やっと両親と電話で話せました。お皿や本が落ちて、大変だったそうです。
男：朝のテレビによると、この地震で電線が切れているところがあるそうですね。
女：ええ。両親のところは大丈夫

だそうですが……。
男：そうですか。
質問
例　昨日何がありましたか。
1　女の人の両親の家はどこにありますか。
2　女の人の両親の家では何が大変でしたか。
3　朝のテレビで何と言いましたか。

🔊 A-24
Ⅳ. 質問を聞いて、あなたの答えを書いてください。
1　今かばんにどんなものが入っていますか。
2　今あなたの部屋は窓が閉まっていますか。
3　近くのスーパーは何時まで開いていますか。
4　今何の音がしますか。

29　責任のある仕事だし、新しい経験ができるし……

🔊 A-25
Ⅰ. 正しいものを選んでください。
例　★新しいアルバイトの人はどんな人ですか。
　　男：今度新しいアルバイトの人が入りましたね。
　　女：ええ、いい人ですよ。一生懸命仕事をするし、休まないし。いつもあまり話しませんが、話すと面白い人ですよ。
　　男：そうですか。
　　★新しいアルバイトの人はどんな人ですか。

29　責任のある仕事だし、新しい経験ができるし……　17

1 ★男の人は何を置くことにしましたか。
男：家に入ったところに何か置きたいんだけど、何を置いたらいい？
女：花はどう？　きれいだし、においがいいし。花じゃなかったら、人形とか……。あ、そうだ。この間もらった絵は？
男：うーん。そうだね。花はすぐ変えなければならないし、人形より絵のほうがいいね。決めた。
★男の人は何を置くことにしましたか。

2 ★いちばん早く起きた人は何をすることになっていますか。
男：学生３人で住んでいるそうですね。だれが朝ご飯を作っているんですか。
女：２番目に起きた人が作ることになっています。いちばん早く起きた人はコーヒーを入れます。
男：そうですか。じゃ、いちばん遅く起きたら、何もしなくてもいいんですか。
女：いいえ、遅く起きた人は掃除をしなければならないんです。
★いちばん早く起きた人は何をすることになっていますか。

3 ★男の人は夏休みに何をしますか。
女：夏休みサムさんと一緒に富士山に登るんでしょう。
男：うん。この間そう言ったけど、登らないことにした。車で富士山の近くをドライブすることになったんだ。

女：そう。楽しみにしていた山登り、やめたんだ。
男：うちの階段で転んで、ちょっとけがをして、今あまり歩けないんだ。
女：えっ、大丈夫？
★男の人は夏休みに何をしますか。

4 ★会議でどんなことが決まりましたか。
女：会社で毎年夏祭りをすることになっていますが、何をするか、もう決まりましたか。
男：あ、それ。昨日会議があって、今年は家族でできるゲームをすることになりました。
女：そうですか。何をするんですか。
男：これから決めるんですが、ボウリングもいいと思っているんです。
★会議でどんなことが決まりましたか。

🔊 A-26
Ⅱ．○ですか、×ですか。
例 男：さくら大学を受けるんですか。
女：ちょっと学費が高いんですが、受けることにしました。
男：キャンパスが広くてきれいですよね。
女：ええ、新しい寮もあるし、いい大学だと思います。合格するかどうか、分かりませんが。
★女の人はさくら大学を受けます。

1 男：この料理、おいしいです。肉も入っているし、野菜もたくさん食べられるし、いいですね。

女：ありがとうございます。山田さんも作りますか。
男：ええ、ぜひ作りたいです。作り方を教えてください。
女：ええ。簡単ですよ。
★この料理は野菜も肉も食べられるので、男の人は作りたいと思っています。

2 女：リンさん、卒業したらどうするか、もう決めた？
男：うん、迷ったけど、就職することにした。
女：そうなんだ。国で？
男：ううん、日本で。だから、これからも日本語の勉強を続けなきゃ。
★男の人は日本で就職することにしました。

3 男：山本さん、引っ越しですか。
女：はい、大阪に転勤するんです。
男：そうですか。寂しくなりますね。
女：毎月、仕事で東京に来ますから、また会えますよ。
男：あ、そうですか。じゃ、また会いましょうね。
★女の人は大阪に住むことになりました。

4 男：この公園は来週になったら、桜の花がたくさん咲いて、とてもきれいですよ。
女：じゃ、花見をしませんか。わたしが料理を作りますから、お酒を買って来てくれますか。
男：花見はいいですが、公園の中でお酒を飲んではいけないことになっているんですよ。
女：そうですか。
男：お酒は花見をしてから、飲みましょう。
★来週2人は公園で花を見ながらお酒を飲みます。

🔊 A-27

Ⅲ. 2人は会社のパンフレットを見ながら話しています。会話を聞いて、質問に答えてください。

男：就職活動、大変だね。どの会社を受けるの？
女：まだ迷っているんだ。広告の会社の「アドマン」がいいと思ったんだけど、子供の本の会社の「えほん」もいいと思って……。見て、これ。会社のパンフレット。
男：「えほん」は9時から5時までの仕事だけど、「アドマン」はフレックスタイムで、時間が自由だね。いいんじゃない？
女：うん。でも、経験が要るし、給料が「えほん」より安いし、すぐ辞める人が多いと聞いたから、仕事は大変なんだと思う。だから、ちょっと……。
男：でも、「アドマン」は寮があるよ。アパートを借りなくてもいいよ。
女：「えほん」も寮があるし、それに、研修をするから経験がなくてもいいし……。
男：そうか。じゃ、経験がなくてもいい会社のほうがいいんじゃない？

29 責任のある仕事だし、新しい経験ができるし……

女：うん。そうだね。じゃ、そうする。

🔊 A-28
Ⅳ. 質問を聞いて、あなたの答えを書いてください。
1 あなたが住んでいる町はどんな町ですか。
2 都会と田舎とどちらがいいですか。どうしてですか。
3 あなたの国の高校では何をしてはいけないことになっていますか。
4 今度の休みに何をすることにしましたか。

30 お菓子の専門学校に入ろうと思っています

🔊 A-29
Ⅰ. 正しいものを選んでください。
例 ★女の人は何のために、勉強していますか。
　男：ユナさんは日本語が上手ですね。将来日本で働くんですか。
　女：ええ。
　男：どんな仕事を考えていますか。
　女：銀行とか、大学とかで働こうと思っていたんですが、今は通訳になりたくて……。そのために、勉強しているんです。
　男：そうですか。頑張ってくださいね。
　★女の人は何のために、勉強していますか。
1 ★男の人は海外へ何をしに行きますか。
　女：来月また海外へ行くそうですね。
　男：ええ。
　女：また日本語を教えに行くんですか。
　男：いいえ、今度は学校を建てるために、行くんです。
　女：学校ですか。
　男：ええ、学校や病院が足りないところがたくさんあるので、何か手伝いたいと思って……。
　★男の人は海外へ何をしに行きますか。

2 ★これからだれが何をしますか。
　女：おなか、すいたね。
　男：そうだね。
　女：ピザ、注文しようか。
　男：ピザよりスパゲティがいいよ。作ろうか。
　女：本当？　作ってくれる？
　男：うん。
　★これからだれが何をしますか。

3 ★男の人は夏休みどこへ行きましたか。
　女：夏休み国へ帰ったんですか。
　男：帰ろうと思っていたんですが、北海道や九州の友達が「遊びに来て」と誘ってくれて……。
　女：北海道と九州に行ったんですか。すごい。
　男：いいえ、北海道だけです。九州はまた今度行こうと思っています。
　★男の人は夏休みどこへ行きましたか。

4 ★2人は話したあとすぐ何をしますか。

女：ああ、疲れた。昼ご飯、食べようか。
男：まだ早いよ。
女：もう歩けない。
男：じゃ、少しだけ休んで、もう少し歩こう。昼ご飯は山の上に着いてから、食べよう。
女：分かった。
★2人は話したあとすぐ何をしますか。

🔊 A-30
Ⅱ．○ですか、×ですか。
例 男：フランスへ行くそうですね。
女：ええ、フランスで料理の勉強をしようと思っています。
男：そうですか。どのぐらいいる予定ですか。
女：3か月ぐらいです。
★女の人は料理を勉強するために、フランスへ行きます。

1 男：環境を守るために、どんなことをしていますか。
女：そうですね。物を大切に使っています。この服も10年ぐらい着ていますよ。
男：えっ、そうですか。
女：それに、エアコンもあまり使いません。これからもできることはしようと思っています。
★女の人は電気や物を大切に使っています。

2 男：佐藤さん、この箱、使いますか。
女：いいえ、捨てようと思っていますが……。
男：引っ越しのとき、箱がたくさん必要なので、集めているんですが、これ、もらってもいいですか。
女：どうぞ。持って行ってください。
★女の人は箱を使おうと思っています。

3 男：週末はどうでしたか。
女：友達と動物園へ行こうと思っていたんですが……。
男：行かなかったんですか。
女：ええ、急に仕事で会議に出ることになったので……。
男：そうですか。
★女の人は週末動物園へ行きました。

4 男：暇だね。
女：うん。何か面白いこと、したいね。
男：新宿へ行って、映画、見ようか。
女：映画、いいね。でも、今日は暑いよ。
男：じゃ、借りて来ようか。
女：うん、そうしよう。
★2人はこれから新宿で映画を見ます。

🔊 A-31
Ⅲ．会話を聞いて、質問に答えてください。
女1：皆さん、今日はみんなで標語を作ろうと思います。いいクラスを作るために、どんな標語がいいと思いますか。
男：はい！「けんかはやめよう！」はどうですか。
女1：いいですね。

女2：はい！「毎朝早く教室に来よう！」はどうですか。
男　：はい！宿題を忘れる人が多いので、「宿題は必ずしよう！」もいいと思います。
女2：はい！「昼休みはみんなで外で遊ぼう！」もいいと思います。

🔊 A-32
Ⅳ．質問を聞いて、あなたの答えを書いてください。
1　日本語が上手になったら、何をしようと思っていますか。
2　これからも日本語の勉強を続けようと思っていますか。
3　子供のとき、大人になったら、何をしようと思っていましたか。
4　健康のために、どんなことをしていますか。

31　あしたまでに見ておきます

🔊 A-33
Ⅰ．正しいものを選んでください。
例　★女の人は牛乳をどうしますか。
　　男：おはよう。
　　女：おはよう。ちょっと遅くない？わたし、朝ご飯、今終わったよ。
　　男：あ、牛乳、しまわなくてもいいよ。飲むから。テーブルに置いておいて。
　　女：コップに入れておいてあげようか。
　　男：ありがとう。
　　★女の人は牛乳をどうしますか。
1　★男の人は何をしておきましたか。
　　女：バーベキューの準備、できた？
　　男：今野菜、切ってる。終わったら、すぐ焼けるよ。
　　女：あ、おにぎり、作ってあるんだね。
　　男：うん。さっき僕が作った。あ、飲み物、川の水で冷やしておこう。
　　★男の人は何をしておきましたか。
2　★何がまだ準備してありませんか。
　　男：あしたの会議の資料を作っておきました。
　　女：あ、ありがとう。プロジェクターは？
　　男：プロジェクターは今日帰るまでに持って来ておきます。あ、それから、会議室は2階の大きい部屋を予約してあります。
　　女：分かりました。ありがとう。
　　★何がまだ準備してありませんか。
3　★2人はあした何時に会いますか。
　　男：じゃ、あしたの朝7時半に駅の前で会いましょう。
　　女：7時半ですか。早すぎませんか。
　　男：早すぎますか。じゃ、30分遅くしましょうか。
　　女：それがいいと思います。
　　★2人はあした何時に会いますか。
4　★女の人は何をしますか。
　　女：あれ、エアコン、ついてる？
　　男：うん、ついてるよ。暑い？
　　女：うん。もう少し強くしてもいい？
　　男：いいよ。
　　★女の人は何をしますか。

🔊 A-34

II. ○ですか、×ですか。

例　男：先生、漢字のテストはいつですか。
　　女：スケジュール表を見てください。書いてありませんか。
　　男：あ、金曜日ですね。
　　女：テストの日はスケジュール表を見て確認してくださいね。
　　★スケジュール表にテストの日が書いてあります。

1　女：このお皿、少し汚れていますね。
　　男：えっ、さっき洗ったんですけど……。
　　女：ほら、ここが汚いでしょう。
　　男：あ、本当だ。すみません。もう一度洗います。
　　★お皿はきれいに洗ってあります。

2　男：授業はこれで終わりです。
　　女：先生、電気、消しましょうか。
　　男：あ、つけておいてください。次の授業がありますから。
　　女：ホワイトボードはどうしましょうか。
　　男：きれいに消しておいてください。
　　★女の人はこの教室の電気を消します。

3　女：おはようございます、山田さん。
　　男：おはようございます。ああ、気分が悪い。
　　女：どうしたんですか。風邪ですか。風邪の薬、ありますよ。
　　男：昨日お酒を飲みすぎたんです。
　　女：そうですか。気分が悪いときはこの薬がいいですよ。
　　★山田さんは風邪を引きました。

4　男：今日はどうしましょうか。
　　女：前の髪が長くなりすぎたので、切ってください。
　　男：後ろはどうしますか。
　　女：後ろはあまり短くしないでください。
　　★女の人は前の髪を短くしたいと思っています。

🔊 A-35

III. 説明を聞いて、答えを選んでください。
　　女：今日はこのケーキを作りましょう。皆さんのテーブルの上の材料を確認してください。バターは３０分前に冷蔵庫から出しておきましょう。それから、オーブンも熱くしておきましょう。では、始めます。初めにバターと砂糖をよく混ぜてください。それから、卵を入れてよく混ぜます。よく混ぜたら、ほかの材料を入れてください。全部入れたら、混ぜすぎないでください。混ぜすぎると、失敗します。オーブンは熱くなっていますか。オーブンがあまり熱くないと、おいしいケーキができませんよ。

🔊 A-36

IV. 質問を聞いて、あなたの答えを書いてください。
1　あなたの部屋に何が飾ってありますか。
2　旅行のまえに、どんなことをしておきますか。

31　あしたまでに見ておきます

3 歌いすぎると、どうなりますか。
4 寒いとき、どうやって暖かくしますか。

32 りんごの皮はむかないほうがいいですね

🔊 A-37

I. 正しいものを選んでください。

例 ★女の人はどんなポスターにしたいと思っていますか。
男：ポスターを作ったんですが、これ、どうですか。
女：そうですね。絵が小さいですね。絵を字より大きくしたほうがいいと思いますが。
男：絵の場所はどうですか。今は字の下にありますが、上のほうがいいですか。
女：絵の場所はこれでいいです。
★女の人はどんなポスターにしたいと思っていますか。

1 ★男の人は今から何をしますか。
男：山田さん、来ませんね。
女：今日の約束、忘れているかもしれませんよ。
男：今どこにいるか、メールで聞いてみましょうか。
女：電話をしたほうがいいですよ。うちで寝ているかもしれませんから。
★男の人は今から何をしますか。

2 ★女の人は何を買って来ますか。
女：買い物に行って来る。何か欲しいもの、ある？
男：そうだね。もうすぐコーヒーがなくなるから。
女：砂糖や牛乳は？
男：牛乳はある。あ、でも、砂糖はもう少しあったほうがいいかもしれない。
女：分かった。
★女の人は何を買って来ますか。

3 ★男の人は何を心配していますか。
女：今度の旅行の旅行保険、どうする？ 飛行機、落ちないよね。
男：飛行機は大丈夫だよ。
女：財布、落とすとか……。
男：落とさないよ。でも、保険は必要だね。病気になるかもしれないから。保険がなかったら、すごくお金がかかるよ。
女：そうだね。
★男の人は何を心配していますか。

4 ★女の人はどんなアドバイスをしましたか。
女：どうしたんですか。
男：隣の家の人が大きい音で音楽を聞くので、寝られないんです。布団を頭にかぶって寝たりするんですが、うるさくて……。
女：たぶん隣の人は気がつかないんですよ。はっきり隣の人に言ったほうがいいと思いますよ。いつからうるさいんですか。
男：2か月前からです。
女：2か月何も言わなかったんですか。我慢強いですね。わたしだったら、すぐ言うと思います。
★女の人はどんなアドバイスをしましたか。

🔊 A-38

Ⅱ. ○ですか、×ですか。
例　女：ゆうたくん、どうしたの？　眠いの？
　　男：うーん、今日テストだから、昨日の晩寝ないで勉強したんだ。
　　女：そう。テストをしているとき、寝ないでね。
　　男：大丈夫だよ。
　　★昨日の晩男の人は寝ませんでした。

1　男：木村さんはコーヒーを飲むとき、いつも砂糖はどうしますか。
　　女：入れて飲みます。甘くないと、飲めないんです。
　　男：牛乳は？
　　女：入れないで飲みます。
　　★女の人はコーヒーを飲むとき、いつも砂糖と牛乳を入れます。

2　女：パソコンの新しい製品ができたそうですね。
　　男：ええ、買いたいと思っているんです。
　　女：でも、もう少し待ったほうがいいですよ。
　　男：そうですか。
　　女：ええ、少し待ったら、安くなりますから。
　　★今パソコンの新しい製品を買わないほうがいいです。

3　女：今日は寒いですね。
　　男：そうですね。雪が降るかもしれませんね。
　　女：雪が降ったら、学校が休みになるかもしれませんよ。
　　男：どうしてですか。

　　女：雪が降ったら、よく電車が止まるので、家へ帰れなくなるし、転んでけがをしたら大変だから、休みにするんです。
　　★今雪が降っているので、学校が休みになりました。

4　男：先生、留学を考えているんですが、今3年生なので、仕事も探したほうがいいし、迷っています。
　　女：留学のお金はありますか。
　　男：はい、そのために、アルバイトをしてためました。
　　女：留学の経験は、仕事を探すときも、役に立つと思います。今行かなかったら、行く機会がないかもしれませんよ。
　　男：わたしもそう思います。
　　★先生は留学をしたほうがいいと考えています。

🔊 A-39

Ⅲ. 旅館の経営について話しています。新しく考えたことに○、違うものに×を書いてください。
　　女：この旅館のお客さんたちは料理とか温泉はいいと言ってくれるんですが、新しいお客さんがなかなか来てくれません。何かいい案はありませんか。
　　男：そうですね。まず、建物が古いので、新しくしたほうがいいと思います。
　　女：お金をあまり使わないで、何かいいやり方がありますか。1泊の料金は高くしたくないし……。

男：じゃ、建物はそのままにして、壁や畳を変えて、部屋をきれいにしませんか。

女：そうすれば、料金を変えないで、できますね。

男：それから、ここは星がきれいですから、夜星を見るツアーをしたらどうですか。ホームページに載せたら、星を見に来る人が増えるかもしれません。

女：いいですね。それから、新しい料理のメニューも考えましょうか。

男：でも、今の料理は人気がありますから、変えないほうがいいかもしれませんよ。

女：あ、そうですね。そのほうがいいですね。

🔊 A-40
Ⅳ. 質問を聞いて、あなたの答えを書いてください。
1　風邪を引いたとき、薬を飲んだほうがいいと思いますか、飲まないほうがいいと思いますか。
2　10年後何をしていますか。
3　辞書を見ないで、日本語の新聞が読めますか。
4　パンに何をつけて食べますか。

33　車があれば、便利です

🔊 B-1
Ⅰ. 正しいものを選んでください。
例　★女の人は仕事について何がいちばん大切だと思っていますか。

男：卒業したら、どんな仕事がしたいですか。

女：そうですね。日本で専門が生かせる仕事がしたいです。

男：給料や休みの希望はありませんか。

女：専門が生かせれば、給料が高くなくても、休みがあまりなくても、大丈夫です。

男：そうですか。頑張ってくださいね。

★女の人は仕事について何がいちばん大切だと思っていますか。

1　★どうすれば、この店のチョコレートケーキが買えますか。

男：この店のチョコレートケーキ、すごい人気ですね。何時に来れば、買えるんですか。

女：この間11時に来たんですけど、もうなくなっていて買えませんでしたよ。

男：じゃ、予約すれば、買えますか。

女：いいえ、予約はできないんです。朝10時に店が開くので、10時より前に来て並ばなければ、買えないでしょう。

★どうすれば、この店のチョコレートケーキが買えますか。

2　★東大学の入学試験が受けられない人はどの人ですか。

男：わたしの友達で東大学に入りたいと言っている人が2人いるんです。

女：そうですか。

男：でも、1人は高校を途中で辞めたそうです。
女：高校を卒業していなくても、国の試験に合格していれば、入学試験は受けられますよ。
男：へえ、そうなんですか。それから、もう1人は外国語の英語は勉強していないそうなんです。スペイン語しか勉強していないそうです。
女：スペイン語では受けられませんね。フランス語なら受けられるんですが。
★東大学の入学試験が受けられない人はどの人ですか。

3 ★女の人は何を勉強すれば、今度のテストでいい点が取れると言いましたか。
男：今度のテスト、どんな問題が出るかな。いい点、取りたいなあ。
女：新しい言葉を全部覚えても、文法が分からなければ、できないと先生が言ったよ。だから、文法、頑張れば、大丈夫なんじゃない？
男：漢字は？
女：漢字は読み方を書いてくれるから、心配しなくてもいいと思うよ。
★女の人は何を勉強すれば、今度のテストでいい点が取れると言いましたか。

4 ★男の人は何で行きますか。
男：ああ、会議に遅れる！
女：車で行けば、間に合うんじゃない？
男：駐車場がないから……。
女：じゃ、タクシー？
男：うーん、電車のほうが速いかな。でも、駅から遠いから、やっぱりタクシーにしよう。電話しといて。
女：分かった。
★男の人は何で行きますか。

🔊 B-2
Ⅱ. ○ですか、×ですか。
例 男：ここはいいホテルですね。温泉もあるし、料理もおいしいし……。
女：ありがとうございます。今日はこんな天気ですが、晴れれば、お部屋から富士山も見えるんですよ。
男：そうですか。じゃ、今度は天気のいい日にまた来たいです。
女：ええ、ぜひまた来てください。
★今部屋から富士山が見えます。

1 男：いらっしゃいませ。
女：あのう、3泊4日の沖縄ツアーを探しているんですが……。
男：このツアーなら、空港からホテルまでのバス代も入れて、1人43,000円ですが……。
女：そうですか。大人4人なんですが。
男：4人で申し込めば、1人40,000円になりますよ。
女：そうですか。じゃ、それにします。

★申し込むとき4人なら、ツアーは安くなります。
2　男：ギターのコンサートがあるんだけど、一緒に行かない？　ギター、好きでしょう。
　　女：うん。行きたいなあ。いつ？　予定がなければ、行けるんだけど……。
　　男：今週の土曜日の夜。
　　女：ええと、あ、ごめん。その日は友達と会う約束があるんだ。
　　★女の人は今週の土曜日の夜コンサートへ行きます。
3　女：翻訳のアルバイトがあるけど、興味ある？　わたしはできないんだけど。来週から1週間だけ9時から5時までの仕事。
　　男：面白い仕事だと思うけど、1時間、いくらもらえるの？
　　女：あ、大切なことを聞かなかった。山田さんに聞けば、すぐ分かるよ。
　　男：そう、じゃ、聞いてくれる？　条件がよければ、やりたいから。
　　★男の人は時給がよければ、翻訳のアルバイトをします。
4　女：今度の市民祭りには若い人にもたくさん来てもらいたいですね。
　　男：そうですね。じゃ、ミュージシャンに来てもらいましょうか。
　　女：ミュージシャン？
　　男：ええ、ギターを弾いたり、歌を歌ったりしてもらって……。
　　女：いいかもしれませんね。有名じゃなくても、音楽なら若い人を集めることができますね。
　　★ミュージシャンが有名じゃなければ、若い人は来ないでしょう。

🔊 B-3

Ⅲ. 国際寮でみんなが一緒にできることを計画しています。会話を聞いて、答えてください。

　　女1：どうすれば、留学生と日本人がもっと話すようになると思う？
　　男　：うーん、そうだなあ。スポーツ大会は？　一緒に運動すれば、楽しいし、仲もよくなると思うよ。
　　女2：うーん、運動があまり好きじゃない人もいるから、どうかな……。スポーツが好きな人なら、いいかもしれないけど……。
　　男　：じゃ、夏休みの旅行はどうかな。週末でもいいけど、一緒に旅行すれば、いろいろな経験ができると思うよ。
　　女1：楽しいと思うけど、旅行はお金がかかるから、ちょっと……。
　　女2：じゃ、料理にしようよ。週末いろいろな国の料理を一緒に作れば、作りながらいろいろ話せるんじゃない？　料理ができなくても、何か手伝うことはできるでしょう。
　　女1：うん、それ、いいね。いろいろな料理の言葉も覚えられれば、楽しいよね。
　　男　：じゃ、そうしよう。さっそく来週から始めようか。

女2：うん、そうだね。

🔊 B-4

Ⅳ. 質問を聞いて、あなたの答えを書いてください。
1 どうすれば、安く旅行できますか。
2 漢字をたくさん覚えたいんですが、どうすれば、覚えられますか。
3 どんな学生なら、奨学金がもらえますか。
4 あしたどんな天気になるでしょうか。

34 試合に負けてしまいました

🔊 B-5

Ⅰ. 正しいものを選んでください。

例　★男の人はどの本を読んでしまいましたか。
　女：この間買った本、もう全部読んだ？
　男：歴史の本はまだ80ページぐらい。漫画は読んじゃったけど。
　女：経済の参考書は？
　男：あ、参考書はまだ全然。
　★男の人はどの本を読んでしまいましたか。

1 ★書類は今どこにありますか。
　女：今朝渡した書類、受付に持って行ってくれた？
　男：あ、すみません。すぐ行きます。ええと、どこに置いたかな。この机の上に置いたと思ったんだけど。あ、すみません。あの書類、会議室に置いて来てしまいました。
　女：すぐ取って来て。
　★書類は今どこにありますか。

2 ★男の人は何が心配でしたか。
　女：はい。スーパーさとうです。
　男：もしもし、あ、本田さんだよね。アルバイトの。
　女：あ、はい。社長、どうしたんですか。
　男：店の後ろのドア、見てくれる？かぎ、開けたまま、来ちゃったと思うんだ。
　女：あ、はい。今見て来ます。もしもし、社長、閉めておきました。
　男：ありがとう。
　★男の人は何が心配でしたか。

3 ★女の人は何をあきらめますか。
　女：先生、あのう、留学試験のことなんですが……。今年受けるのをあきらめようと思うんです。
　男：どうしてですか。青木さんなら、合格すると思いますよ。
　女：実は父の体の調子があまりよくないので、今は合格しても、行けないかもしれないんです。
　男：そうですか。じゃ、もう1年この大学で勉強して、来年受けられるといいですね。
　女：はい、できれば来年受けたいと思っています。
　★女の人は何をあきらめますか。

4 ★男の人は何が好きじゃありませんか。
　女：送別会のスピーチ、すごくよかったですよ。

男：ありがとうございます。でも、実はたくさんの人の前で話すのは苦手なんです。
女：えっ、そうですか。そうは見えませんでしたよ。
男：書くのは得意ですが、話すのはちょっと……。
女：でも、パーティーなどではよく話していますよね。
男：ええ、会話なら、大丈夫なんです。
★男の人は何が好きじゃありませんか。

🔊 B-6
Ⅱ．○ですか、×ですか。
例 男：ねえ、ユナさん、スポーツで何が得意？
女：うーん、あまりスポーツは得意じゃないの。見るのは好きだけど。
男：あ、そうなんだ。じゃ、今度一緒にサッカーの試合、見に行かない？
女：うん、行きたい。
★女の人はサッカーをするのが好きです。

1 男：佐藤さん、仕事、終わりますか。一緒に帰りましょう。
女：すみません。これをコピーしてしまいたいんです。先に帰ってください。
男：どのぐらいかかるんですか？
女：うーん、30分ぐらいかな。
男：そうですか。じゃ、お先に。
★女の人はコピーが終わってから、帰ります。

2 女：アントニオさんが会社を作ったのを知っていますか。
男：えっ、本当ですか。知りませんでした。何の会社ですか。
女：中古車を売る会社ですよ。
男：へえ、すごいですね。
★男の人はアントニオさんが新しい会社を作ったのを知りませんでした。

3 男：あれ、キムさん、風邪、引いたの？
女：うん、実は昨日窓、開けたまま、寝ちゃったんだ。
男：そうなんだ。病院へ行ったほうがいいんじゃない？
女：うーん、でも、今日はうちでゆっくり寝ようと思っているんだ。
男：そうか。お大事に。
★女の人は昨日寝るまえに、窓を閉めました。

4 女：あれ、漢字の本が2冊ある。これ、だれのかな。
男：あ、ここに名前が書いてある。マイクさんのだ。
女：間違えて持って来ちゃったんだ。
男：マイクさんなら、あとで会うから、渡してあげるよ。
女：ありがとう。
★女の人はマイクさんの本を持って来てしまいました。

🔊 B-7
Ⅲ．会話と質問を聞いて、正しい答えを選んでください。
女：どこへ行くの？
男：駅前のコンビニ。

女：えっ、でも、あそこのコンビニのアルバイト、辞めちゃったんでしょう。

男：うん、辞めたんだけど、自分の荷物を置いたまま、来ちゃったんだ。

女：荷物?

男：うん、ロッカーの中に。だから、それ、取りに行こうと思って……。

女：そうなんだ。あのアルバイト、給料、よかったんでしょう。どうして辞めちゃったの?

男：うーん、夜のほうがアルバイト代がよかったから、夜働いていたんだけど、そうすると、昼間学校で眠くなっちゃうんだ。それで、このままだと、卒業できなくなっちゃうと思って……。

質問
例 男の人は今どこへ行きますか。
1 男の人はそこへ何をしに行きますか。
2 男の人はこのアルバイトについて何が問題だと思いましたか。

🔊 B-8
Ⅳ. 質問を聞いて、あなたの答えを書いてください。
1 電車の中に忘れ物をしてしまったら、どうしますか。
2 友達のコーヒーカップを割ってしまったら、どうしますか。
3 服を着たまま泳いだことがありますか。
4 何をするのが好きですか。

35 傘を持ち歩くようにしています

🔊 B-9
Ⅰ. 正しいものを選んでください。
例 ★男の人は何に気をつけたほうがいいと言いましたか。
　女：わあ、海だ。
　男：きれいなビーチだね。ここなら、転んでも、痛くないね。
　女：うん。お父さん、靴、持ってて。
　男：うん、いいよ。ちょっと風が強いから、帽子が飛ばないように、気をつけてね。
　女：大丈夫。手で持ってるから。
★男の人は何に気をつけたほうがいいと言いましたか。

1 ★男の人はうちへ帰って何をしますか。
　女：今晩台風が来るかもしれませんね。今日は早く帰ったほうがいいですよ。
　男：うちは外に自転車が置いてあるから、倒れないように、何かしなきゃ。
　女：今度の台風はとても風が強いそうだから、家の中に入れたほうがいいですよ。
　男：うちは狭くて入れられないから、風があまり来ない場所に持って行きます。
★男の人はうちへ帰って何をしますか。

2 ★女の人はいつ果物を食べていますか。

女：果物は食事のあとで食べる人が多いですよね。
男：ええ、そうですね。
女：でも、果物を食べてから食事をしたほうがいいと聞いたことがあります。
男：へえ。
女：それで、わたしはいつも先に果物を食べるようにしているんです。
男：そうですか。
★女の人はいつ果物を食べていますか。

3 ★男の人が人間関係のためにいちばん気をつけていることは何ですか。

女：いい人間関係を作るのは大切ですよね。何か気をつけていることがありますか。たとえば、一緒に食事をするとか、よく連絡をするとか。
男：そうですね。「ありがとう」と「ごめんなさい」かな。何かしてくれた人に「ありがとう」、わたしが悪いことをしてしまった人に「ごめんなさい」と言うようにしています。
女：そうですか。
男：この2つの言葉は人間関係をよくするのに、いちばん大切だと思います。
★男の人が人間関係のためにいちばん気をつけていることは何ですか。

4 ★女の人はどうしてほかの歌を探しますか。

女：今度新入生のためのパーティーで歌う歌なんですが、これはどうですか。ピアノはわたしが弾きます。
男：この曲ですか。
女：これだったら、ピアノが弾きやすいんです。でも、ちょっと速い曲だから、歌いにくいかな？
男：練習すれば、大丈夫だと思いますよ。でも、この歌、友達と別れる歌ですから、ちょっと……。
女：ああ、そうですね。じゃ、ほかの歌を探します。
★女の人はどうしてほかの歌を探しますか。

🔊 B-10
Ⅱ. ○ですか、×ですか。
例 女：いい家ですね。あれ、この小さいドアは何ですか。
男：これは猫のために作ったドアです。
女：えっ、猫？
男：ええ、猫が好きなときに出たり、入ったりできるから、便利ですよ。
女：そうですか。この家の猫は幸せですね。
★猫が出たり、入ったりできるように、小さいドアがあります。

1 男：健康のために、何か気をつけていることがありますか。

女：ええ、いつも朝ご飯を食べるまえに、運動をするようにしているんです。体操したり、ジョギングしたりして……。
男：そうですか。じゃ、今日も運動をしてきたんですか。
女：今日は寝坊をして、朝ご飯のまえに、時間がなくなってしまって……。
★今日女の人は朝ご飯のまえに、運動しました。

2 女：風邪を引いたんですか。
男：ええ、気をつけていたんですが……。
女：家に帰ったら、すぐうがいをするようにしたほうがいいですよ。いつもうがいをしていると、風邪を引きませんよ。
男：そうですね。じゃ、これからそうします。
★男の人はこれから風邪を引かないように、うがいをします。

3 男：新しいアパートはどうですか。
女：きれいだし、買い物にも便利だし、とてもいいですよ。
男：そうですか。
女：でも、台所がちょっと狭いんです。冷蔵庫の場所がよくなくて、不便なので、もう少し使いやすくしたいと思っています。
★新しいアパートの台所は使いやすいです。

4 女：この神社は人が多いですね。
男：ええ、ここで願い事をすると、必ず実現するそうですよ。マリーさんもお願いをしたらどうですか。手を2回たたいてお願いするんです。
女：そうですか。「また日本に来られますように」。
男：ここでお願いをしたから、大丈夫ですよ。
★マリーさんはまた日本に来たいと思っています。

🔊 B-11
Ⅲ．説明を聞いてください。どちらについて話していますか。

例 これは水の中に長い時間いられるように、体につけて海に入ります。1時間水の中にいても、苦しくなりません。きれいな海の魚を見ていたい人や、深いところへ行きたい人が使います。

1 これは遠くのものや近くのものが見にくくなった人が使うものです。新聞を読むときや、ホワイトボードの字を見るときなどに使います。

2 これは風邪を引いたとき、使います。また、風邪を引いていなくても、鼻やのどを守るのにいいです。夜寝るとき、のどが渇かないように、使う人もいます。

3 これはコミュニケーションをするのに役に立ちます。町で人に会ったときや、ご飯を食べるまえにも使います。けんかをしたあとでも、これを使うと、話しやすくなるかもしれません。

4 これは雨が降ったとき、外を歩くのに使います。雨にぬれないように、持って使います。でも、荷物がたくさんあると、持ちにくいです。

🔊 B-12
Ⅳ. 質問を聞いて、あなたの答えを書いてください。
1 どうして目覚まし時計をセットしますか。
2 健康のために、どんなことに気をつけていますか。
3 歯ブラシは何をするのに使いますか。
4 今住んでいる町は住みやすいですか。どうしてですか。

36 いろいろな国の言葉に翻訳されています

🔊 B-13
Ⅰ. 正しいものを選んでください。
例 ★男の子はだれにしかられましたか。
女：おはよう。どうしたの？ 元気、ないね。お母さんにしかられたの？
男：ううん、昨日宿題、忘れて、先生にしかられたんだけど、今日もまた宿題、忘れて来ちゃったから……。
女：えっ、また？ でも、授業が始まるまでに15分あるから、やっちゃったら？
男：うん、そうだね。そうする。
★男の子はだれにしかられましたか。

1 ★女の人はどうしてにこにこしていますか。
男：さっきからずっとにこにこしてるけど、何かいいこと、あったの？ 先生に褒められた？
女：ううん、実は山田君に食事に誘われたの。
男：へえ、よかったね。
女：わたし、いつも、山田君は優しいって言ってたでしょう。だから、すごくうれしくて……。
★女の人はどうしてにこにこしていますか。

2 ★女の人は昨日どうしてゆっくり寝られませんでしたか。
女：昨日は日曜なのに、朝から隣のうちがうるさくて、ゆっくり寝られませんでした。
男：赤ちゃんでもいるんですか。
女：隣の女の子に朝から大きい声で歌を歌われて……。
男：そうですか。僕も時々お風呂で歌を歌うから、隣の人に聞かれているかもしれませんね。気をつけたほうがいいですね。
★女の人は昨日どうしてゆっくり寝られませんでしたか。

3 ★女の人の国から日本に何が輸出されていますか。
男：ファイさんの国から日本には何か輸出されていますか。石油とか、何か……。
女：石油は輸出されていませんが、漁業が盛んなので、いろいろな魚が輸出されていますよ。
男：そうですか。
女：日本からは自動車とかいろいろな機械が輸入されています。

★女の人の国から日本に何が輸出されていますか。

4 ★男の人の好きな本はどの国の言葉に翻訳されていますか。
男：イザベラさん、これ、わたしの好きな本なんですが、読んだことがありますか。
女：あ、それ、最近人気のある本ですよね。日本語で読むのはまだ難しくて……。
男：この本、英語とか、中国語とか、いろいろな言葉に翻訳されていますから、イザベラさんの国の言葉にも翻訳されているんじゃないですか。
女：ポルトガル語にはまだ翻訳されていないんです。イタリア語かスペイン語なら分かるんですが、それもまだなんです。
男：そうですか。すごい人気ですから、もうすぐ翻訳されると思いますよ。
★男の人の好きな本はどの国の言葉に翻訳されていますか。

🔊 B-14
Ⅱ．〇ですか、×ですか。
例 女1：あれ、わたしのケーキ、どこ？お母さん、知らない？
女2：冷蔵庫に入ってないの？
女1：ないよ。守、知らない？
男：ああ、あれ、お姉さんのだったの？　さっき、食べちゃった。
★姉は弟にケーキを食べられました。

1 男：あれ、この写真、何？
女：えっ？
男：すごい顔、してるね。これ、ゆきこさん？
女：恥ずかしい。
★女の人は男の人に変な顔の写真を撮られました。

2 男：アメリカの旅行はどうでしたか。
女：とても楽しかったです。
男：道に迷いませんでしたか。
女：いいえ、大丈夫でした。でも、1回道を聞かれて、驚きました。英語が分からなかったから、答えられませんでしたけど。
男：そうですか。
★女の人は道が分からなかったので、知らない人に道を聞きました。

3 男：この絵、ピカソがかいた絵ですよね。
女：ええ。
男：いつごろの絵ですか。
女：1937年だったと思います。
★この絵はピカソによってかかれました。

4 男：この町は町の人の健康のために、いろいろな工夫をしているそうですね。
女：ええ、いろいろな活動があります。
男：どんな活動がありますか。
女：みんなで散歩したり、公園で朝の体操をしたりしています。
男：そうですか。いいですね。
★この町では健康のために、いろいろな活動が行われています。

🔊 B-15

Ⅲ. 会話と質問を聞いて、答えてください。

女：今日テレビでおいしそうな長崎のラーメンを紹介していましたけど、長崎は福山さんが生まれたところですよね。

男：ええ。その料理、「長崎ちゃんぽん」という料理ですよね。

女：ええ、そう言っていたと思います。

男：野菜がたくさん入っていて、おいしいんですよ。長崎では1900年ごろから食べられている料理なんです。

女：へえ、そうなんですか。

男：陳平順という中国人によって初めて作られたと言われています。

女：中国の人が始めたんですね。

男：ええ、彼の店は今でもあって、たくさんの人に知られているんですよ。

女：へえ、有名な店なんですね。

質問

例　何という料理について話していますか。

1　いつごろから食べられている料理ですか。

2　だれによって初めて作られたと言われていますか。

3　その人の店はどんな店ですか。

🔊 B-16

Ⅳ. 質問を聞いて、あなたの答えを書いてください。

1　どろぼうに何か取られたことがありますか。

2　今度のオリンピックはどこで行われますか。

3　あなたの国でよく知られている日本人はだれですか。

4　飛行機はだれによって発明されましたか。

37　面白そうですね

🔊 B-17

Ⅰ. 正しいものを選んでください。

例　★電話をもらったとき、男の人は何をしていましたか。

女：もしもし、今何、してる？

男：今パン、焼いたところ。遊びに来ない？　一緒に食べよう。

女：わあ、行く。

男：じゃ、待ってる。

★電話をもらったとき、男の人は何をしていましたか。

1　★2人はどの猫を見ていますか。

男：あ、田中さんの猫だ。

女：あの猫、田中さんの猫なんだ。よく見るけど……。大きいね。

男：うん。それに、強そうだね。

女：体、重そうだけど、この間高い木に登っていたよ。

男：へえ。

★2人はどの猫を見ていますか。

2 ★男の人はどこで電話をしていますか。
　男：もしもし、あ、今電車を降りたところです。
　女：あ、早いですね。
　男：ちょっと早くうちを出たんです。
　女：道、分かりますよね。
　男：ええ、北口を出て、まっすぐですよね。5分ぐらいで着きます。
　★男の人はどこで電話をしていますか。

3 ★男の人はこの店のお弁当を何回食べたことがありますか。
　女：じゃ、お昼ご飯、食べましょう。あ、それ、駅前の弁当屋の袋ですよね。
　男：ええ、買ってみたんです。おいしそうだから、食べてみたいと思って……。
　女：いつも人がたくさん並んでいますよね。
　男：ええ。1回並んだことがあるんですけど、そのときは買えませんでした。
　女：そうですか。実はわたし、もう3回ぐらい買いました。おいしいですよ。
　★男の人はこの店のお弁当を何回食べたことがありますか。

4 ★男の人は何をしていますか。
　女：ホワイトさん、今忙しいですか。
　男：先週の出張の報告書を書いているところですけど……。何ですか。
　女：この書類、整理したいんですが、手伝ってくれませんか。
　男：ちょっと待ってもらえますか。報告書、部長に送ってしまいますから。
　女：ありがとうございます。
　★男の人は何をしていますか。

🔊 B-18
II．○ですか、×ですか。
例　女：今度開発した新しい車、売れるでしょうか。
　男：町でアンケートをしましたが、デザインもいいし、この車が欲しいと答えた人がたくさんいました。
　女：そうですか。
　男：ええ、きっと売れますよ。
　★新しい車はたくさん売れそうです。

1 男：今日のパーティーの準備はできましたか。
　女：ええ。食べ物も買ったし、飲み物も買ったし……。ほかに何かありますか。
　男：ビールは何本ありますか。
　女：20本ありますけど。
　男：じゃ、大丈夫ですね。
　★ビールは足りそうです。

2 女1：このかばん、いいですね。
　女2：うーん、でも、ちょっと持ちにくいんです。
　女1：そうですか。でも、ポケットもたくさんあって、使いやすそうですけど……。

女2：わたしもそう思ったんですけど、ポケットが多すぎて、どこに何を入れたか、分からなくなるんです。
★このかばんは使いやすいです。
3 女：シンさん、今時間、ありますか。
男：今昼ご飯を食べるところなんですけど……。
女：じゃ、あとでこの箱、隣の部屋まで運ぶの、手伝ってくれませんか。
男：いいですよ。
★男の人は今食事をしています。
4 女：駅前に新しいスーパーができましたね。
男：あ、昨日行ってみたんですが……。
女：どうでしたか。野菜や果物がとてもいいと聞きましたけど……。
男：ええ、でも、少し高いです。
★男の人は新しいスーパーへ行きました。

🔊 B-19
III. 会話と質問を聞いて、正しい答えを選んでください。
男：久しぶり。転勤したんだよね。新しいところはどう？
女：今新しい仕事、覚えているところなんだけど……。
男：大変？
女：うん、大変。
男：残業が多いの？
女：残業はそんなに多くないけど、新しい課長が……。
男：ああ、あの課長ね。

女：いつも忙しそうで、分からないことがあっても、聞きにくいし……。
男：えっ、そんなことないよ。あの課長、厳しそうだけど、本当は優しいよ。「これ、教えてくれませんか」って言えば、すぐ教えてくれるよ。
女：えっ、そうかなあ。
男：そうだよ。聞きに行ってみたら？
女：分かった。あしたやってみる。
質問
例 女の人は今どうして大変ですか。
1 男の人は課長について何と言いましたか。
2 女の人はあした何をするでしょうか。

🔊 B-20
IV. 質問を聞いて、あなたの答えを書いてください。
1 今晩何時ごろ寝られそうですか。
2 日本でどんなことをしてみたいですか。
3 この人は何をしているところですか。
4 携帯電話の電池がなくなりそうだったら、どうしますか。

38 猿に注意しろという意味です

🔊 B-21
I. 正しいものを選んでください。
例 ★この犬は何ができましたか。
男：うちの犬、少し言葉を覚えて、わたしが言ったことをするんです。

女：そうですか。
男：ちょっと見ていてください。はい、ハッピー、座れ。あれ、だめだ。じゃ、走れ。あれ。
女：今日は調子がよくないかな。
男：ハッピー、寝ろ。あ、できた。
★この犬は何ができましたか。

1 ★今子供は何をしろと言われましたか。
女：部屋は片付けたの？
男：うん、終わったよ。
女：じゃ、宿題をしてしまいなさい。宿題が終わったら、食事にしますからね。
男：分かった。
★今子供は何をしろと言われましたか。

2 ★2人はどの標識を見て話していますか。
男：これはどういう意味ですか。
女：まっすぐ行くな、右か左に曲がれという意味です。
男：あ、まっすぐ進んではいけないんですね。
女：そうです。
★2人はどの標識を見て話していますか。

3 ★男の人は今何をしていますか。
女：何、やってるの？ゲーム？今授業中だから、だめだよ。
男：違うよ。
女：授業中にスマホや携帯電話を使うなって、先生が言ってたでしょう。
男：分からない漢字を調べてるんだよ。ほら、見て。
女：そういうのは先生に聞いたらいいんじゃない？
男：分かったよ。
★男の人は今何をしていますか。

4 ★女の人はメールで何を伝えますか。
男：あ、お帰りなさい。さっき本田さんから電話がありましたよ。
女：何と言っていましたか。
男：土曜日駅で会うことになっているけど、何時に行けばいいか、確認したいと言っていました。本田さんにメールをしてください。
女：分かりました。
★女の人はメールで何を伝えますか。

🔊 B-22

Ⅱ. ○ですか、×ですか。
例 男：すみません。これはどういう意味ですか。
女：ああ、これはこの部屋に靴を履いたまま入ってはいけないという意味です。
男：あ、そうですか。分かりました。
★この部屋に入るとき、靴を脱がなくてもいいです。

1 男：すみません、このドアに張ってある紙はどういう意味ですか。
女：これはこの部屋に入るなという意味です。いつもは入ってもいいんですが、この紙が張られているときはだめです。
男：そうですか。分かりました。
★紙が張ってあるときは、部屋に入ってはいけません。

2 男：はい、この青い服を着なさい。
　女：この服、嫌い。この黄色のがいい。
　男：黄色の服はボタンが取れているからだめだと、お母さんが言っていたでしょう。早くしなさい。出かけるよ。
　女：はあい。
　★お父さんは子供に黄色の服を着ろと言いました。

3 女：田中さんとの会議は3時からでしたね。
　男：あ、さっき田中さんから電話があって、少し遅れると言っていました。事故で電車が止まっているそうです。
　女：そう。何時になるかなあ。
　男：さあ。
　女：電話して聞いてみましょうか。
　男：あ、でも、今電車の中なのでまた電話すると言っていましたから……。
　女：そうですか。分かりました。
　★女の人はこれから田中さんに電話をします。

4 女：火事のとき、窓を閉めろと言う人と、開けろと言う人がいますが、どちらが正しいんでしょうか。
　男：窓を開けると、火が大きくなりますよね。閉めると、燃えにくくなりますから、開けないほうがいいんじゃないでしょうか。
　女：そうですか。
　★男の人は火事のとき、窓を開けたほうがいいと言いました。

🔊 B-23
Ⅲ．説明を聞いて、質問に答えてください。
　女：アルバイトの皆さん、今日からこのデパートで働いてもらいます。このデパートではここだけで使う特別な言葉がありますから、覚えてください。仕事中わたしたちは「トイレに行って来ます」とか、「休みます」とか、お客さんの前で言いにくい言葉を使わないようにしています。はっきりそう言わないで、色を使って伝えます。たとえば、「赤です」と言ったら、それは休みに行くという意味です。そして、「黄色です」と言ったら、トイレに行くという意味です。食事をして来ると言いたいときは、「緑に行って来ます」と言います。仕事中はこの言葉を使ってください。

🔊 B-24
Ⅳ．質問を聞いて、あなたの答えを書いてください。
1 子供のとき、親に何をしろと言われましたか。
2 サッカーの試合で友達が負けそうなとき、何と言いますか。
3 これはどういう意味ですか。
4 最近見たニュースで何と言っていましたか。

39 旅行のとき使おうと思って買ったのに……

🔊 B-25

I. 正しいものを選んでください。

例 ★あしたの台風はどこに来そうですか。
女：また台風が来るようですね。
男：でも、東京には来ないようですよ。
女：ああ、台風はいつも南のほうが大変ですよね。
男：ええ。でも、あしたは東京より北を通るようですよ。
★あしたの台風はどこに来そうですか。

1 ★どうして人が集まっていますか。
男：あそこに人が集まっていますね。
女：そうですね。バーゲンと書いてありますよ。
男：でも、バーゲンはデパートの中でしょう。何か配ってるのかな。
女：あ、けんかしているようですよ。
男：本当だ。
★どうして人が集まっていますか。

2 ★男の人はどうして運転が上手じゃありませんか。
女：あ、危ない。気をつけて。
男：あ、ごめん。
女：あれ、たけし君、免許、取ったばかりじゃないよね？
男：うん、違うよ。この車、新しいから……。
女：あ、そうなんだ。お父さんの？
男：ううん、自分の。先週買ったから、まだよく分からなくて。

★男の人はどうして運転が上手じゃありませんか。

3 ★女の人はどうして怒っていますか。
男：何、怒ってるの？
女：たけし君にお金、貸してあげたのに……。
男：返してくれないの？
女：ううん、返してはくれたんだけど……。
男：返すのが遅かった？
女：遅いのに、謝らないから。謝ってくれれば、遅くても、大丈夫なのに……。
★女の人はどうして怒っていますか。

4 ★どうしてジュースが出ませんか。
男：あれ、変だなあ。
女：どうしたんですか。
男：お金を入れたのに、ジュースが出ないんですよ。
女：ボタンは押しましたか。
男：ええ、押しましたよ。ここ。押したのに、出ないんです。
女：あ、売り切れって書いてある。もう全部売れちゃったんですね。
★どうしてジュースが出ませんか。

🔊 B-26

II. ○ですか、×ですか。

例 男：いいにおいがしますね。
女：本当。いいにおい。
男：カレーのようですね。
女：そうですね。
★2人はカレーを食べています。

1 男：佐藤さん、今日の午後の会議は中止になりましたよ。
女：えっ、どうしてですか。

男：部長が来られなくなったんです。
女：昨日残業して書類を準備したのに……。
★女の人は今日会議がなくなって、うれしそうです。

2 女：リンさん、試験、どうだった？
男：あまり難しくなかったよ。マリーさんは？
女：わたしは少ししか分からなくて……。毎晩遅い時間まで勉強したのに……。
★女の人はあまり勉強しなかったので、試験は難しかったです。

3 男：まいちゃん、あーん、ほら、おいしいですよ。食べてください。全然食べないね。これ、嫌いなのかな。
女：ううん、いつもそれ、たくさん食べるよ。ミルク、飲んだばかりだから、おなか、いっぱいなんじゃない？
★まいちゃんはこの食べ物が嫌いなようです。

4 男：ああ、おなか、すいた。
女：えっ、ホセさん、今ご飯、食べたところでしょう。
男：うーん、そうなんだけど……。
★男の人はご飯を食べたばかりなのに、もうおなかがすきました。

🔊 B-27
III. 会話を聞いて、質問に答えてください。
女：川崎君、最近、元気、ないね。何か悩んでいることでもあるの？

男：実は会社、辞めようかなと思っているんです。
女：えっ、去年入ったばかりじゃない。
男：ええ、でも、僕、英語を使う仕事がしたいんです。今の仕事だと、得意な英語も生かせないし……。
女：そうねえ。
男：それに、毎日夜遅い時間まで働いても、給料、安いし……。
女：うーん。
男：部長は、いい仕事をしても、全然褒めてくれないし……。
女：でも、あの部長、もうすぐ退職するようだから、もう少し頑張ってみたらどう？
男：そうなんですか。
女：うん、ほかの会社に行くんだって。部長が辞めたら、そんなに遅い時間まで働かなくてもよくなるんじゃないかな。
男：そうですか。
女：いつか英語を使う仕事もできるかもしれないし……。

質問
例 女の人はどうして驚きましたか。
1 男の人はどうして会社を辞めたいと思っていますか。
2 女の人はどうして頑張ったほうがいいと言いましたか。

🔊 B-28
IV. 質問を聞いて、あなたの答えを書いてください。

1 日本語の勉強を始めたばかりのとき、困ったことは何ですか。
2 友達にお金を貸したのに、なかなか返してくれなかったら、どうしますか。
3 お母さんがとても疲れているようです。あなたは何をしてあげますか。
4 あなたの部屋にどろぼうが入ったようです。あなたはどうしますか。

40 息子を塾に行かせたいんですが……

🔊 B-29

I 正しいものを選んでください。

例 ★合宿で先輩は後輩に何をさせますか。
　女：野球部の合宿、大変そうだよね。先輩たち、厳しいんでしょう。後輩にボールをふかせたり、荷物を運ばせたりするんでしょう。
　男：うん。でも、今年から料理とか洗濯はさせていないって聞いたよ。
　★合宿で先輩は後輩に何をさせますか。

1 ★男の人は犬に何をさせたいですか。
　男：今度うちの犬を犬の学校に行かせるんだ。
　女：犬の学校？　犬に字を読ませたり、計算をさせたりするの？
　男：そうじゃないよ。僕のサインで座らせたり、待たせたりする練習をするんだ。
　女：じゃ、ゆうたさんも一緒に練習するの？
　男：もちろんそうだよ。
　★男の人は犬に何をさせたいですか。

2 ★男の人は子供たちに何をさせますか。
　女：じゃ、行って来ます。子供たちのこと、お願いね。
　男：うん。昼ご飯は冷蔵庫にあるカレーを温めるんだよね。
　女：そう。食事のまえには手を洗わせてね。
　男：宿題もさせるの？
　女：あ、それは大丈夫。もう終わってるから。それから、子供たちのTシャツ、洗濯しといて。
　★男の人は子供たちに何をさせますか。

3 ★男の子のお母さんは何を習ってもいいと言いましたか。
　女：スケート教室とテニス教室、お母さん、行かせてくれるって言った？
　男：テニス教室は行かせてくれるって言ったけど、スケートはお金がかかりすぎるって。
　女：そうなんだ。わたしもピアノ、習わせってって、お母さんに言ってみようかな。
　男：言ってみたら？　きっといいって言ってくれるよ。
　★男の子のお母さんは何を習ってもいいと言いましたか。

4 ★だれがコピーをしましたか。
　男：すみません。コピー機を使わせていただけませんか。

女：はい、どうぞ。
男：あのう、コピー、終わりました。コピー機の横にこのファイルがあったんですが……。
女：あ、さっき森さんがコピー機を直しに来てくれたから、森さんのだと思います。あとで渡しますね。どうもありがとうございます。
★だれがコピーをしましたか。

🔊 B-30
Ⅱ. ○ですか、×ですか。
例 女：かずお、何、してるの？　部屋、片付けなさい。
男：分かってるよ。今やるよ。
女：早くしなさい。
★お母さんは息子に部屋をきれいにさせます。

1 男：みどりさんのお母さんは厳しかった？
女：ううん、あまり。何でも自由にさせてくれたよ。
男：へえ。うちは高校のとき、アルバイトもさせてくれなかったよ。
女：そう。厳しかったんだね。
★男の人は高校のとき、アルバイトをしたくないと思っていました。

2 男：お母さん、遊びに行ってもいい？
女：宿題は終わったの？
男：まだだけど。今日は少ししかないから……。
女：じゃ、早く帰って来て、しなさいね。
男：分かった。
★お母さんは子供を遊びに行かせます。

3 男：ソニック電気の社長にインタビューしたいと思います。社長、ソニック電気では朝仕事を始めるまえに、社員が会社の周りの道を掃除するそうですね。
女：ええ、少しでも、町の役に立ちたいですから。
男：そうですか。したい人だけがするんですか。
女：いいえ、社員みんなにさせているんです。
★この会社ではしたい人だけが会社の周りの道を掃除します。

4 女：子供を育てるとき、どんなことに気をつけていますか。
男：自分のことは自分で考えさせるようにしています。学校のことも何でも自分で決めさせます。
女：そうですか。
男：それから、悪いことをしたときは自分で考えさせて、謝らせます。
女：でも、子供はどうすればいいか、分からないときもあるんじゃないですか。
男：そのときは手伝いますから、大丈夫です。
★このお父さんは子供が悪いことをしたとき、すぐ一緒に考えてあげます。

🔊 B-31

Ⅲ. 会話と質問を聞いて、正しい答えを選んでください。

男：あ、部長。
女：新しい工場を建てる計画だけど、今度の会議の準備は進んでいますか。
男：はい。今アルバイトの人に必要なデータを集めさせています。来週そのデータをまとめて、資料を作るつもりです。
女：そうですか。先週市役所の人と話しましたが、周りに住んでいる人たちの反対を心配していました。
男：周りに住んでいる人たちの意見を聞いたり、説明会をしたりしたほうがいいかもしれませんね。その準備、わたしにやらせてください。
女：そうですか。じゃ、よろしくお願いします。
男：それでは、ええと、新入社員に手伝ってもらってもいいですか。
女：あ、いいですね。彼に手伝わせましょう。じゃ、わたしが話しておきます。

質問
例 女の人は先週だれと話しましたか。
1 アルバイトの人は何をしていますか。
2 だれが説明会の準備をしますか。
3 女の人はこのあと、何をしますか。

🔊 B-32

Ⅳ. 質問を聞いて、あなたの答えを書いてください。

1 自分の子供に何を習わせたいですか。
2 何でもできるロボットがいたら、何をさせたいですか。
3 ご両親はあなたがしたいことをさせてくれましたか。どんなことですか。
4 10歳の子供を夜11時まで遊ばせてもいいと思いますか。

41 大学院で医学を研究なさいました

🔊 B-33

Ⅰ. 正しいものを選んでください。

例 ★部長は今何をしていますか。
女：あれ、部長はどちらにいらっしゃいますか。
男：あ、隣の部屋で会議の資料をご覧になっています。12時半から会議なので。
女：そうですか。お忙しいですね。
男：何か？
女：ええ、部長のアドバイスを頂きたいと思ったんですが、大丈夫です。あとでお願いしますから。
★部長は今何をしていますか。

1 ★女の学生は先生に何を勧めましたか。
女：先生、今日はわたしたちの卒業パーティーに来てくださって、ありがとうございます。

男：わあ、たくさん学生が集まりましたね。
女：ええ。先生がいらっしゃると言ったら、みんな来てくれました。
男：そうですか。そうそう、この間いい写真を送ってくれて、ありがとう。
女：ご覧になりましたか。合宿ではお世話になりました。さあ、どうぞ。お好きなものを召し上がってください。
男：どうもありがとう。
★女の学生は先生に何を勧めましたか。

2 ★男の人はこれからどうしますか。
女：社長、今日はありがとうございました。これから大阪へお帰りになりますか。
男：そうしようと思いますが……。
女：今からいちばん早い新幹線でいらっしゃっても、大阪にお着きになる時間は、だいたい１１時ごろですね。今日はホテルにお泊まりになりませんか。すぐ予約できますが……。
男：いや、あしたは朝大阪で会議があるので。ご親切にありがとうございます。
女：そうですか。分かりました。
★男の人はこれからどうしますか。

3 ★見学の人はこの船で何ができますか。
男：いらっしゃいませ。船のご見学ですね。どうぞ。
女：わあ、すてきな船ですね。中が広くてすごいですね。
男：この船には映画館もございます。見学の方は映画はご覧になれませんが。
女：わあ、すごい。映画館もあるんですか。
男：レストランもございます。今日はお料理を召し上がることはできませんが、お飲み物はお好きなものが召し上がれます。では、ご自由にお楽しみください。
★見学の人はこの船で何ができますか。

4 ★お金を払わないで使えるタオルはどこにありますか。
女：このホテルのプールではタオルが借りられますか。
男：はい、受付のテーブルからご自由にお取りください。お金はかかりません。もっと大きいタオルをお使いになりたければ、３００円かかりますが、テーブルの横の棚にあります。
女：分かりました。
男：お使いになったタオルは棚の横の箱にお入れください。
女：はい。
★お金を払わないで使えるタオルはどこにありますか。

🔊 B-34

Ⅱ. ○ですか、×ですか。
例 女：マラソン大会に参加したいんですが。
男：こちらの申込書に必要なことをお書きください。

女：友達も参加したいと言うかもしれないので、あとで郵便で送ってもいいですか。

男：はい。紙が足りないときは、コピーしてお使いください。

女：分かりました。ありがとうございました。

★申込書はコピーして使ってもいいです。

1　店内アナウンス：(♪)本日も、さくらデパートへお買い物においでくださいまして、ありがとうございます。3階で青いセーターをお買いになったお客様、お忘れ物がありますので、1階の受付までいらっしゃってください。(♪)

女：青いセーター？　あれ、ゆうたさん、あなたでしょう。

男：そうだ。行かなきゃ。

★男の人はこれからデパートの3階へ行きます。

2　女：社長はもういらっしゃいましたか。

男：ええ、さっきいらっしゃいましたよ。

女：何時ごろまでこちらにいらっしゃいますか。

男：今会議が始まったばかりなので、2時ごろまでいらっしゃると思います。

女：そうですか。じゃ、会議が終わったら知らせてください。

★社長は2時ごろここに来ます。

3　(♪)こんにちは、さくらテレビ「有名人に聞こう」のお時間です。今日のお客様はジャーナリストの松田こうへいさんです。松田さんは京都でお生まれになりました。中学生のときから社会の問題に興味をお持ちになって、大学生のときには海外で環境を守る活動をなさいました。今は世界のいろいろな国へいらっしゃって、見たり聞いたりしたことを新聞や雑誌に書いていらっしゃいます。

★いろいろな国の人が松田さんのことを新聞や雑誌に書いています。

4　女：あのう、部長。社長は今日雑誌のインタビューがあることをご存じですか。新しい製品についてインタビューをお受けになることになっているんですが。

男：ああ、午後インタビューがあるとおっしゃっていました。何を話すか、もう準備されていましたよ。

女：そうですか。よかった。

★社長はインタビューがあることをまだ知りません。

B-35

Ⅲ．ツアーでお寺に来ました。旅行会社の人の説明を聞いて、質問に答えてください。

旅行会社の人：皆さん、お寺に着きました。これから入ります。どうぞ前へお進みください。入り口が大変狭いので、並んでお入りください。お入りになるとき、靴はお脱ぎになって、袋に入れてお持ちください。どうぞ入り口にある白い袋をお使いください。入場料はもう払ってあるので、お入りになったら、チケットをお取りください。中にお入りになると、左に３００年前にかかれた有名な絵があります。お寺の方から絵について説明があるので、お座りになって、絵をご覧になりながらお待ちください。

B-36

Ⅳ．ご両親について聞きます。質問の答えを書いてください。
1　ご両親は今どこにいらっしゃいますか。
2　ご両親はどんなスポーツをご覧になりますか。
3　あなたが日本語の勉強を始めたとき、ご両親は何とおっしゃいましたか。
4　今あなたがどんなものに興味があるか、ご両親はご存じですか。

42　１０年前に日本へ参りました

B-37

Ⅰ．正しいものを選んでください。
例　★男の人は何をしますか。
　　女：皆さん、その木の前に立ってください。撮りますよ。
　　男：あ、先生、わたしがお撮りしましょうか。
　　女：あ、すみません。じゃ、お願いします。
　　男：はい、じゃ、皆さん、こちらを見てください。いいですか。
　　★男の人は何をしますか。

1　★男の人は何をしましたか。
　　男：先生、これ、ありがとうございました。拝見しましたので、お返しします。
　　女：ああ、これ、貸していましたね。どうでしたか。
　　男：たくさんありましたので、時間がかかりましたが、とても役に立ちました。
　　女：そうですか。よかった。
　　★男の人は何をしましたか。

2　★男の人はこれから何をしますか。
　　男：社長、今からお出かけになりますか。
　　女：ええ、４時ごろ帰りますが、もしそれまでに森さんから電話があったら、あとで電話をすると言っておいてください。
　　男：分かりました。タクシーをお呼びしましょうか。
　　女：ええ、お願いします。
　　★男の人はこれから何をしますか。

3　★男の人がお風呂に入っているとき、女の人は何をしますか。
　　女：お客様、お部屋はこちらです。お荷物はこちらに置かせていただきます。すぐお風呂にお入りになりますか。

男：はい、そうします。
女：お風呂からお部屋にお帰りになるまえに、お食事をご用意しておきます。
男：食堂へ行けばいいんですか。
女：お食事はお部屋にお運びします。
★男の人がお風呂に入っているとき、女の人は何をしますか。

4 ★男の人は夏休みに何をしますか。
男：先生、これ、この間の送別会の写真です。どうぞ。
女：あ、ありがとうございます。トムさんはいつ帰国するんですか。
男：あさってです。いろいろありがとうございました。
女：寂しくなりますね。
男：ええ、でも、夏休みにはまた日本に参りますので、そのときは先生の研究室にも伺いたいと思っております。
女：そうですか。じゃ、待っていますね。
★男の人は夏休みに何をしますか。

🔊 B-38
Ⅱ. ○ですか、×ですか。
例 女：いらっしゃいませ。
男：あのう、8月10日から2泊3日で韓国に行きたいんですが……。2人です。
女：ホテルと飛行機のチケットがあるかどうか、すぐお調べします。あ、ホテルはお取りできますね。ソウルまでの飛行機も……大丈夫そうです。34,800円ですが、予約されますか。
男：じゃ、お願いします。
★ホテルの予約はできませんでした。

1 男：先生。
女：あ、リンさん。久しぶりですね。元気ですか。
男：ええ。飛行機で、お疲れになったでしょう。私がお荷物をお持ちします。
女：あ、すみません。
★男の人は先生に荷物を渡します。

2 女：来週うちでパーティーをするので、ぜひ皆さんで来てください。
男：ありがとうございます。
女：たくさんおいしいものを用意しますからね。
男：先生のお宅へ伺うのは初めてなので、楽しみにしております。
★学生は先生のうちへ行ったことがあります。

3 女：はい、スバル建設です。
男：あのう、サミット銀行の太田と申しますが、加藤部長はいらっしゃいますか。
女：すみません。今ちょっと席を外しておりますが……。
男：じゃ、またあとでお電話します。
★加藤部長は今近くにいないので、電話で話せません。

4 女：はい、みどり電気です。
男：あのう、サミット銀行の太田と申しますが、松田部長はいらっしゃいますか。
女：すみません。今会議に出ておりますが……。

男：じゃ、すみませんが、松田部長にあしたの打ち合わせの時間を3時に変えていただきたいとお伝えください。
女：はい、分かりました。
★男の人は松田部長がいなかったので、伝言を頼みました。

🔊 B-39
Ⅲ．会話を聞いて、質問に答えてください。4人は出席しますか。
男：来週の会議に出席される方の確認をしたいんだけど。
女：はい、加藤さんは出席されると伺っております。
男：そう。松田さんは？
女：お返事がなかったので、昨日ご連絡しましたが、いらっしゃれないそうです。
男：分かりました。それから、札幌支店の本田さんは？
女：はい、会議の日の朝空港にお着きになりますので、お迎えに伺うことになっています。
男：横浜支店の黒木さんは？
女：黒木さんからはまだお返事を頂いておりませんので、これからご連絡してみます。
男：分かりました。じゃ、よろしくお願いします。
女：はい。

🔊 B-40
Ⅳ．質問を聞いて、あなたの答えを書いてください。
1　お名前を教えていただけませんか。
2　どちらに住んでいらっしゃいますか。
3　毎年何回ぐらい旅行なさいますか。
4　今年どんなデザインの服がはやっているか、ご存じですか。